Hypothekenrecht und Notverordnungen

Die Auswirkungen der österreichischen Notverordnungen auf das Recht der Hypothekarforderungen

Von

Dr. Karl Torggler

Rechtsanwalt in Innsbruck

Springer-Verlag Berlin Heidelberg GmbH

1936

ISBN 978-3-662-31366-4 ISBN 978-3-662-31571-2 (eBook)
DOI 10.1007/978-3-662-31571-2

Vorwort.

Die hier erörterten Fragen wurden von mir erstmals in einem Vortrage am 13. März 1934 in der Innsbrucker juristischen Gesellschaft unter dem Titel „Die österreichischen Notverordnungen und das Hypothekenrecht" behandelt, dessen Grundzüge ich in der Prager Juristischen Zeitschrift 1934, Sp. 431—438, veröffentlichte. Die vorliegende Schrift enthält eine eingehendere Darstellung der einzelnen Probleme und will die gesamten zu den Notverordnungen bis Mitte Juni 1936 erschienenen wissenschaftlichen Arbeiten und veröffentlichten oberstgerichtlichen Entscheidungen, soweit sie für das Hypothekenrecht von Bedeutung sind, verwerten. Die Abschnitte VI und VII sind neu. Die allgemeinen Grundsätze der verschiedenen Notverordnungen werden nur dann erörtert, wenn dies für die Lösung hypothekenrechtlicher Fragen von Bedeutung ist, wie z. B. die Tragweite der Effektivklausel. Nichtveröffentlichte Entscheidungen wurden im allgemeinen nicht herangezogen, solche unterer Instanzen nur dann, wenn oberstgerichtliche Entscheidungen nicht vorliegen. Die in den „Entscheidungen des Obersten Gerichtshofes in Zivil- und Justizverwaltungsangelegenheiten" (S. Z.) enthaltenen Erkenntnisse sind nur nach dieser Sammlung, nicht auch nach ihrer anderweitigen Veröffentlichung angeführt. Die ausländische Literatur und Rechtsprechung wurde, wenn es zur Klarlegung allgemeiner Fragen notwendig war, soweit wie möglich herangezogen.

Innsbruck, im Juni 1936.

Karl Torggler.

Inhaltsverzeichnis.

Einleitung.

Die in den Jahren 1933 und 1934 aus wirtschaftlichen Gründen erlassenen Notverordnungen haben in bedeutsamer Weise auch in das Rechtsleben eingegriffen. Es kommen im wesentlichen sechs Verordnungen mit ihren nachträglichen Ergänzungen in Frage. Ich versuche hier, ihre Auswirkungen auf einem Sondergebiete der Rechtswissenschaft zu verfolgen. Als solches kommt in erster Linie das Hypothekenrecht und das Recht der hypothekarisch sichergestellten Forderungen in Betracht, und zwar vor allem infolge der überragenden wirtschaftlichen Bedeutung der hier angelegten Geldbeträge,[1] dann aber auch deshalb, weil einerseits bei langfristigen Schuldverhältnissen Mängel gesetzlicher Verfügungen stärker hervortreten, anderseits das österreichische Hypothekenrecht mit seinen dürftigen gesetzlichen Grundlagen und seiner gewohnheitsrechtlichen Ausbildung besonders in der Lage ist, sich neuen Rechtsbedürfnissen anzupassen.[2]

Das Hypothekenrecht ist im Anschluß an Exner und Klang[3] als die Gesamtheit der Normen zu bezeichnen, die das Pfandrecht an unbeweglichen (in den öffentlichen Büchern eingetragenen) Sachen regeln. In erster Linie wird jedoch bei dieser Untersuchung der spezifisch wirtschaftliche Begriff der vertraglichen Hypothek zugrunde gelegt. Es handelt sich in der Regel um langfristige Schuldverhältnisse, bei denen die Bedeutung der persönlichen hinter der Sachhaftung zurücktritt.[4] Die Auswirkungen der Notverordnungen zeigen sich hier deutlicher als bei der Zwangshypothek, die beinahe ausnahmslos nur einen Schritt der Forderungseintreibung darstellt.

I. Die Goldverordnungen.

Die Goldklauselverordnung vom 23. März 1933, BGBl. 73, und die Goldschuldenerleichterungsverordnung vom 23. März 1933, BGBl. 74,[5] sind zeitlich nach der Ausbeutungsverordnung erlassen worden. Ihre Tragweite für das Hypothekenrecht ist jedoch eine bedeutend größere, da sie auf Jahre, vielleicht Jahrzehnte hinaus die Erfüllung zahlreicher Schuldverbindlichkeiten regeln werden. Sie wollen eine Brücke zwischen den Entscheidungen des OGH. vom 1. Februar 1933[6] und den wirtschaftlichen Bedürfnissen schlagen.[7]

Die Goldverordnungen gehen von dem Unterschiede zwischen

effektiven und nichteffektiven Verbindlichkeiten, also von der Erfüllungsart (vgl. Lenhoff 117), aus. Nichteffektive Geldverpflichtungen in Auslandwährung sind jene, deren Erfüllung in Zahlungsmitteln der Schillingwährung zulässig ist (Art. 1, § 1a GKV.), nichteffektive Goldverpflichtungen in Schilling solche, die in anderen Zahlungsmitteln der Schillingwährung als Goldmünzen erfüllt werden dürfen (Art. 1, § 1b GKV.).[8] Effektive Valuta- oder Goldverpflichtungen werden durch die Verordnungen nicht berührt (amtliche Mitteilung der Bundesregierung, Verlautbarung in den Tagesblättern vom 24. März 1933, Abdruck bei Loeb-Komorzynski 105).

Welche Bedeutung hat nun die Effektivklausel? Es ist von den Forderungen in Fremdwährung auszugehen. Der Schuldner hat keine Ersetzungsbefugnis, er darf ohne Zustimmung des Gläubigers nicht in Heimwährung zahlen (Ehrenzweig, System, II/1, 25, Swoboda im Kommentar zum ABGB., II/2, 734f., Krasnopolski, Obligationenrecht, 50, Wolff, Grundriß 96, Pisko, Lehrbuch des öst. Handelsrechtes, 156, Schey, Obligationenverhältnisse, I, 111, Lenhoff, Privatrechtliche Probleme des Devisennotrechtes, 7, NotZ. 1933, 118). Die Devisenverordnung änderte daran nichts (Wahle, Beiträge, 18ff., 27, Rspr. 1933, 28, Klärmann, JBl. 1932, 57, Demelius, JBl. 1932, 78, Klang, JBl. 1932, 132, Löbl, Rspr. 1932, 128, entgegengesetzt Weinberger, NotZ. 1932, 34, Bettelheim, RZ. 1932, 102 — für Forderungen, die dem bürgerlichen und nicht dem Handels- oder Wechselrechte unterliegen — und Lenhoff, Privatrechtliche Probleme, 7f., der infolge der Devisenverordnung Unmöglichkeit der Leistung annimmt). Auch der OGH. hielt stets an diesem Standpunkte fest (E. vom 8. Februar 1933, SZ. XV/32, vom 6. Februar 1934, Rspr. 1934/260, vgl. auch E. vom 31. Oktober 1934, RZ. 1935, 32). Kann aber der Gläubiger einer Effektivforderung seinerseits an Stelle der Fremdwährung Schillinge verlangen? Das ist nach österreichischem Rechte an und für sich streitig (dafür Lenhoff, Privatrechtliche Probleme, 8f., Wahle, Beiträge, 20f., Klang, JBl. 1932, 130, Löbl, Rspr. 1932, 128, Loeb, JBl. 1934, 31, dagegen Ohmeyer, GZ. 1918, 276, Nußbaum, Das Geld, 218). Solange die Devisenverordnung in Kraft ist und keine entsprechende Zuteilung seitens der Nationalbank erfolgt, ist diese Frage zu bejahen (Klang, a. a. O., Löbl, a. a. O., Bettelheim, a. a. O., Demelius, JBl. 1932, 77). Der OGH. stellte sich jedenfalls in den E. vom 1. Februar 1933 (besonders in der E. Rspr. 22) auf den Standpunkt, daß dem Gläubiger dieses Recht infolge Unmöglichkeit der Effektivleistung zustehe. Es hat daher nach seiner allgemeinen Einstellung (vgl. Anm. 6) die Zahlung in Heimwährung nach dem inneren Werte der geschuldeten Fremdwährungssumme zu erfolgen (vgl. Wahle, Rspr. 1933, 28).

Die Fassung der GKV. läßt zwei Auslegungsmöglichkeiten zu. Es bleibt entweder der Standpunkt des OGH. aufrecht und sind die Effektivverpflichtungen vollwertig zu erfüllen. Für diese Auslegung spricht die Erwägung, daß sonst praktisch vor dem Stichtage kein Unterschied zwischen effektiven und nichteffektiven Verpflichtungen bestehen würde, und die oben erwähnte Stelle des amtlichen Kommentars (Loeb-Komorzynski 105). Sie herrscht in der Judikatur (E. vom 14. Februar 1934, Rspr. 1934/60, vgl. auch E. vom 17. Februar 1936, Rspr. 1936/93) und in der Rechtslehre.[9] Mit Rücksicht auf den Wortlaut der GKV., nach welchem unter ihre Bestimmungen Valutaverpflichtungen fallen, „wenn die Erfüllung in Zahlungsmitteln der Schillingwährung zulässig ist", ist aber auch eine andere Auslegung möglich. Man kann schließen: Der Gläubiger einer effektiven Fremdwährungsforderung braucht sich zwar Zahlung in Schilling nicht aufdrängen zu lassen, wenn er aber selbst in der Klage oder bei der Exekution Heimwährung verlangt, wird die Erfüllung in Zahlungsmitteln der Schillingwährung zulässig, die Forderung ist den Vorschriften der GKV. zu unterstellen und wie eine nichteffektive zu behandeln. Diese Beweisführung hat nach Erlassung der Devisenverordnung eine Rolle gespielt (Klärmann, JBl. 1932, 57, Demelius, JBl. 1932, 78f., Klang, JBl. 1932, 131f., vgl. auch Lenhoff, Privatrechtliche Probleme, 12ff.), ist aber bisher bei Auslegung der GKV. nicht vertreten worden.[10] Sie widerspricht dem Grundsatze von Treu und Glauben und der Vorschrift des § 989 ABGB., da sich der Gläubiger durch Ausbedingen der Effektivleistung vor allfälligen fiktiven Kursen schützen wollte (vgl. Löhl, Rspr. 1932, 128).

Die gleichen Erwägungen sind auch für die Auslegung der Goldmünzklausel bei Schillingforderungen maßgebend. Eine Effektivverpflichtung liegt auch hier vor (vgl. die Fassung des Art. 1, § 1b GKV. und § 18 der k. Vdg. vom 21. September 1899, RGBl. 176). Die Auffassung in Rechtslehre und Spruchpraxis ist aber auffallenderweise keineswegs einheitlich. Klärmann, JBl. 1932, 57, Klang, JBl. 1932, 132f., Graschopf, NotZ. 1932, 38, hatten sich vor den Entscheidungen vom 1. Februar 1933 auf den Standpunkt gestellt, daß der Gläubiger, wenn es ihm nicht gelinge, vom Schuldner (allenfalls im Exekutionswege) Goldmünzen zu bekommen, nur den Nennwert in Schilling beanspruchen könne. Nach Erlassung der GKV. haben Loeb-Komorzynski 36f., 44, die Existenz derartiger Verbindlichkeiten geleugnet. Swoboda 747, Prager 129, Spurny 94, wollen sie wie Goldwertschulden behandeln und den Bestimmungen der GKV. unterstellen. Janda, Anm. 1 und 2, Schell 85, Lenhoff 119, Schludermann, NotZ. 1934, 30, Torggler, Rsp. 1935, 48, und wohl auch Ettinger 94, vertreten dagegen die Auffassung, daß sie zum vollen Goldwerte zu erfüllen sind. Die E. vom 11. Juli 1933, JBl. 1933, 393, und vom 15. Jänner 1935, Rspr. 1935/64, sind in dieser Richtung erflossen. Auch die E. vom 6. Oktober 1933, JBl. 1933, 503, sowie vom 7. März 1934, Rspr. 1934/102, stehen grundsätzlich auf diesem Standpunkte, machen aber die Goldmünzklausel praktisch durch das Verlangen bedeutungslos, es müsse durch die Urkunde jede Zahlung in anderen als Bundesgoldmünzen ausgeschlossen sein. Die E. vom 20. April 1933, SZ. XV/115, und vom 27. März 1935,

RZ. 1935, 115 f., NotZ. 1935, 177, überlassen die Entscheidung, welcher Betrag zuzusprechen sei, dem Meistbotsverteilungsverfahren.[11]

Wie sind Fremdwährungsforderungen, die ihren Erfüllungsort im Ausland haben, zu behandeln? Daß der Schuldner (trotz der Devisenverordnung) keine Ersetzungsbefugnis in Schillingwährung hat, wird allgemein angenommen.[12] Die Rechtslehre steht daher zutreffenderweise auf dem Standpunkte, daß derartige Forderungen der GKV. nicht unterstehen und vollwertig zu erfüllen sind.[13] Die Spruchpraxis war ursprünglich nicht einheitlich, schloß sich aber dann der in der Literatur vertretenen Auffassung an.[14]

Mit dem im vorhergehenden behandelten Falle darf nicht (wie dies bei Hajek-Grimeisen (8) irrtümlich geschieht) die Frage verwechselt werden, ob die Goldverordnungen auf Forderungen Anwendung finden, für die ausländisches Recht gilt. Sie wird in Abschnitt VII zusammenfassend für alle Notverordnungen erörtert und spielt bei Hypothekarforderungen keine große Rolle. Die überwiegende Mehrzahl der in Betracht kommenden Verträge wird im Inlande geschlossen und gilt daher § 36 ABGB.[15] Für das Pfandrecht ist das Recht der gelegenen Sache, also österreichisches Recht, maßgebend.[16] Das Erfüllungsgeschäft unterliegt nicht dem Rechte des Erfüllungsortes, sondern dem für den Vertrag als solchen geltenden Rechte (vgl. Wahle, Rspr. 1934, 84, Torggler, JBl. 1936, 245 f., und die dort Angeführten).

Bevor im einzelnen auf die hypothekenrechtlichen Auswirkungen der Goldverordnungen eingegangen werden kann, müssen noch einige durch ihre Bestimmungen aufgerollte allgemeine Fragen erörtert werden, die das Hypothekenrecht betreffen.

A. Sind durch Ranganmerkung sichergestellte Forderungen als Hypothekarforderungen aufzufassen? Die Frage wird von Klang (180) verneint, von Spurny (93) und besonders von Braunfeld (Goldklausel und Anmerkung der Rangordnung, NotZ. 1933, 205 f.) bejaht. Der Auffassung Klangs ist zumindest für die von ihm erwähnten Fälle (Rückstellung des Bescheides oder Nichtausnützung der Ranganmerkung durch den Gläubiger) zuzustimmen. Der Gläubiger muß bei Verzicht auf die ihm eingeräumte Sicherung verlangen können, daß seine Forderung nach den allgemeinen Vorschriften der Goldverordnungen behandelt wird.[17] Bis zu dem Zeitpunkte, in welchem er verzichtet oder die Ranganmerkung ungenützt abläuft, herrscht allerdings ein Schwebezustand, der aber ohnehin in gewissem Sinne bei jeder Ranganmerkung bis zu deren Ausnützung eintritt.

B. Fallen unter den Begriff der Hypothekarforderungen auch pfandrechtlich sichergestellte Ansprüche, wenn für sie sonst ein früherer Stichtag (z. B. jener für Dienst- und Warenlieferungsforderungen nach der ersten Stichtagkundmachung) gelten würde? Diese Frage spielt gemäß § 11 GSchEV. bei Goldwerthypotheken, aber auch (wegen der Möglichkeit verschiedener Stichtage für einzelne Forderungsarten nach Art. 1, § 2, Abs. 2 GKV.) bei Fremdwährungshypotheken eine Rolle. Loeb-Komorzynski (46, 68) beziehen § 11 GSchEV. einschränkend nur auf Hypothekardarlehen. Sachlich wäre diese Auffassung gerechtfertigt, dem Texte der Verordnung entspricht sie nicht.[18] Die herrschende Lehre (Klang 180, Spurny 93, Lenhoff 121, Braunfeld 206) unterstellt derartige Ansprüche den Bestimmungen für Hypothekarforderungen und hat sich ihr die E. vom 12. Oktober 1934, Rspr. 1934/380, angeschlossen. Für diese Auffassung spricht die Textierung des Abs. 2 der ersten Stichtagverlautbarung vom 29. März 1933, BGBl. 93. Es werden dort die Verpflichtungen aus Wechseln, Schecks und kaufmännischen Anweisungen, die auf Grund eines Warenlieferungs- oder Dienstleistungsgeschäftes an Zahlungsstatt hingegeben wurden, nicht jedoch Verpflichtungen aus Hypothekarschuldverschreibungen aufgezählt.

C. Zur Lösung dieser Frage ist es notwendig, sich vorerst darüber klar zu werden, ob zwischen der persönlichen und der Pfandforderung zu unterscheiden ist. Braunfeld (a. a. O.) hat sich ausdrücklich dagegen ausgesprochen und steht auch offensichtlich die übrige herrschende Lehre auf diesem Standpunkte, wobei allerdings Klang (180) für den Fall eine Ausnahme macht, daß Personal- und Hypothekarschuldner nicht identisch sind. Der Gesetzgeber scheint tatsächlich eine einheitliche Regelung der den Goldverordnungen unterliegenden Forderungen mit hypothekarischer Sicherstellung beabsichtigt zu haben.[19] Diese Absicht hat aber im Verordnungstexte nirgends Ausdruck gefunden. Infolgedessen gewinnt die Auffassung Schludermanns an Bedeutung. Dieser unterscheidet zwischen der Hypothekar- und der persönlichen Forderung derart, daß nur für erstere die Bestimmungen des § 11 GSchEV. Anwendung zu finden haben.[20] Das läßt sich zweifelsohne mit dem Gesetzestexte vereinen und führt zu befriedigenden Ergebnissen (vgl. Torggler, Rspr. 1934, 224). Der Gedanke darf allerdings nicht überspannt werden. Es ist im Normalfalle müßig, einen Unterschied zwischen der persönlichen und der Pfandforderung zu machen. Wurde z. B. eine Forderung aus Warenlieferungen oder Dienstleistungen durch Neuerungsvertrag in eine Darlehensforderung mit hypothekarischer Sicherstellung umgewandelt, so ist diese Forderung den Vorschriften der Goldverordnungen und den Stichtagsverlautbarungen über Hypothekarforderungen zu unterstellen. Es erscheint weiters untunlich, bei einem Hypothekardarlehen zwischen der persönlichen und der Liegenschaftsschuld zu unterscheiden, sondern gelten auch hier einheitlich die Regeln für Hypothekarforderungen. Der Fall liegt aber anders, wenn z. B. für eine Forderung aus einem Versicherungsvertrage vor Inkrafttreten der 3. Stichtagverlautbarung ein Zwangspfand auf einer Liegenschaft erworben wurde. Es wäre widersinnig anzunehmen, daß durch den Erwerb eines (vielleicht wertlosen) Zwangspfandes sich die Natur der Versicherungsforderung geändert haben sollte. Es muß in diesen und ähnlichen Fällen zwischen der persönlichen Forderung, die nach dem allgemeinen Stichtage vollwertig bezahlt werden muß, und der Pfandforderung, welche bis zum Stichtage für Goldschilling- bzw. Fremdwährungshypotheken nur zum Nennwerte (Nationalbankkurse) zu erfüllen ist, unterschieden werden. Als Grundlage für die Beurteilung, ob zwischen Personal- und Hypothekarforderung ein Unterschied zu machen ist, hat m. E. die Entstehung der grundbücherlichen Sicherstellung zu dienen. Vertraglich sichergestellte Forderungen unterliegen zur Gänze den Vorschriften für Hypothekarforderungen, bei der zwangsweisen Begründung ist zwischen der persönlichen und der dinglichen Forderung zu unterscheiden.[21] Durch diese Auslegung wird eine allzu große Beeinträchtigung der Gläubigerrechte vermieden und die Grundlage für eine zweckmäßige Lösung der Fragen geschaffen, welche bei einer Personenmehrheit auf der Schuldnerseite entstehen (vgl. Abschnitt VI).

D. Tritt durch die Goldverordnungen eine Abwertung des Pfandrechtes bis zum Stichtage ein? Schludermann (JBl. 1933, 315f.) verneint dies. Nach seiner Auffassung können nur bis dorthin die betreffenden Forderungen in entwerteten Zahlungsmitteln getilgt werden, die Rechtslage sei ähnlich wie bei einem Kassenskonto. Dies läßt sich zweifelsohne mit dem Gesetzestexte vereinen, um so mehr, als die Goldverordnungen auf Nachhypothekare keine Rücksicht nehmen, sondern nur auf den Schuldner.

Die Bestimmungen der Goldverordnungen[22] nötigen, verschiedene Arten von Hypothekarforderungen zu unterscheiden. Es sind dies, wenn man von Schillingforderungen ohne Wertbeständigkeitsklausel absieht, sieben Gruppen:[23]

1. Die Fundierungsforderungen sind jene Forderungen, welche auf Schilling mit Goldklausel (§ 5 GSchEV.) oder (in Tirol und Vorarlberg) auf Fremdwährung (§ 1 und 5 der Vdg. vom 26. April 1933, BGBl. 150) lauten und zur vorzugsweisen Deckung der von österreichischen Instituten auf Goldschilling (oder Fremdwährung) ausgestellten Pfandbriefe, Kommunalschuldverschreibungen und fundierten Bankschuldverschreibungen dienen. Bei ihnen sind Zahlungen, die seit dem 30. April 1933 fällig werden,[24] in Schilling zum Gold- bzw. Fremdwährungskurs der Wiener Börsenkammer (Privatclearingkurs) zu erfüllen.[25] Dagegen werden die Zinsen um durchschnittlich 25%, die Regiebeiträge und Verzugszinsen um ein Viertel herabgesetzt, die Amortisationszeiten verlängert (§ 6ff. GSchEV., §1 der Vdg. vom 26. April 1933, BGBl. 150). Die Schuldner können weiters jederzeit außerordentliche Tilgungen durch Hingabe von Schuldverschreibungen, zu deren Deckung die Hypothekarschuld dient, vornehmen, wobei die Schuldverschreibungen zum Nennwerte anzurechnen sind (§ 9 GSchEV.).[26]

2. Hypothekarforderungen in Schillingwährung mit Gold(wert)klausel[27] können bis zur Stichtagverlautbarung zum Nennwerte erfüllt werden, nachher nur zum Goldkurse der Wiener Börsenkammer (GKV. Art. 1, § 1, lit. b, § 2 und 3). Nach dem 8. Okto-

ber 1931 (Inkrafttreten der Devisenverordnung) entstandene Forderungen dürfen unabhängig von ihrer vertragsmäßigen Fälligkeit vor dem Stichtage ohne Kündigungsfrist zurückgezahlt werden (GKV. Art. 1, § 3, Abs. 3, GSchEV. § 11, Abs. 4).[28] Derartige Hypothekarforderungen werden theoretisch in verschiedener Richtung benachteiligt (vgl. jedoch Anm. 34 und Ratzenhofer 465). Der Stichtag darf nicht vor dem 1. Jänner 1937 (Fassung laut Bundesgesetz BGBl. 91/35, ursprünglich 1. Jänner 1936) liegen, die Zinsen, Verzugszinsen und allfällige Regiebeiträge werden vom Stichtage an um ein Viertel herabgesetzt, bei Kündigungen auf den Stichtag oder einen späteren Termin tritt die Fälligkeit frühestens erst sechs Monate nach dem Stichtage ein (§ 11 GSchEV.).[29]

Die Goldstichtagverlautbarungen für Verpflichtungen aus Warenlieferungen und Dienstleistungen (Kundmachung des FM. vom 29. März 1933, BGBl. 93, 1. Mai 1933) und aus Versicherungsverträgen (Kundmachung des FM. vom 21. Juli 1933, BGBl. 319, 22. Juli 1933) gelten daher für Hypotheken, die zugunsten derartiger Forderungen einverleibt wurden, im allgemeinen nicht (vgl. die Ausführungen zu C).

3. Wie Hypothekarforderungen in Schilling mit Goldmünzklausel zu behandeln sind, ist streitig. Sie sind m. E. als Effektivforderungen zum vollen Goldwerte zu erfüllen (vgl. die Ausführungen bei Anm. 11), da die Goldverordnungen zwischen gewöhnlichen und Hypothekarforderungen mit Goldmünzklausel nicht unterscheiden und auch solche Verpflichtungen, bei denen der Gläubiger das Wahlrecht zwischen Bundesgoldmünzen und Papierschillingen hat, Effektivverbindlichkeiten darstellen.[30]

4. Hypothekarforderungen in Schillingwährung mit anderen Wertbeständigkeitsklauseln (Sachwert- und Indexklauseln vgl. Nußbaum, Vertraglicher Schutz, 75ff., Ulrich 8) werden durch die Goldverordnungen nicht berührt und sind daher entsprechend den Vertragsbestimmungen zu erfüllen.[31] Eine Ausnahme besteht nur hinsichtlich der sogenannten Valutawertschulden oder unechten Valutaschulden.[32]

5. Hypothekarforderungen in Auslandwährung ohne Effektivklausel sind bis zum Stichtage zum Nationalbank-, dann zum Privatclearingkurs zu erfüllen (GKV. Art. 1, § 2, Abs. 1, § 3, Abs. 1).[33] Von den bisher verlautbarten Stichtagen beziehen sich nur die für nordamerikanische Dollars und englische Pfund (30. Juni 1933, 2. Stichtagverlautbarung, Kundmachung des FM. vom 24. Juni 1933, BGBl. 260), für bulgarische Lewa, griechische Drachmen, jugoslawische Dinare, rumänische Lei, ungarische Pengö, dänische, schwedische, norwegische und tschechoslowakische Kronen (8. Oktober 1934, 4. Stichtagverlautbarung, Kundmachung des FM. vom 4. Oktober 1934, BGBl. II, 270) und (mit Einschränkungen) für die Hypothekardarlehen vorarlbergischer Kreditinstitute in Schweizer Franken (1. Jänner 1935, 5. Stichtagverlautbarung, Kundmachung des FM. vom

22. Dezember 1934, BGBl. II, 470)[34] auf alle Hypothekarforderungen, jene für Verpflichtungen aus Warenlieferungen und Dienstleistungen (30. März 1933, 1. Stichtagverlautbarung, Kundmachung des FM. vom 29. März 1933, BGBl. 93) und aus Versicherungsverträgen (22. Juli 1933, 3. Stichtagverlautbarung, Kundmachung des FM. vom 21. Juli 1933, BGBl. 319) m. E. derzeit nur auf Zwangshypotheken (vgl. die Ausführungen zu C). Hypothekarforderungen, die nach dem 8. Oktober 1931 entstanden sind, können vor dem betreffenden Stichtage ohne Kündigung zurückgezahlt werden (vgl. zu 2).

6. Hypothekarforderungen in effektiver Auslandwährung werden durch die Goldverordnungen nicht berührt (Art. 1, § 1, lit. a GKV., vgl. den Kommentar der Bundesregierung vom 15. April 1933, „Wiener Zeitung" vom 16. April 1933, abgedruckt bei Loeb-Komorzynski 106ff.). Es gelten also für sie die in den Entscheidungen des OGH. vom 1. Februar 1933 niedergelegten Richtlinien. Hiebei kommt jedoch in den meisten Fällen mit Rücksicht auf die Anwendung des österreichischen Rechtes für die Berechnung der Ersatzleistung nicht der Auslandkurs des Schillings, sondern der Wiener Privatclearingkurs der betreffenden Fremdwährung in Betracht (vgl. Anm. 9). Die Effektivklausel schützt natürlich nicht gegen eine Entwertung der betreffenden Auslandwährung selbst (E. vom 5. März 1936, Rspr. 1936/93, RZ. 1936, 115).

Die für Hypothekarforderungen wichtige Frage, ob Verpflichtungen, bei denen der Gläubiger das Wahlrecht zwischen (effektiver) Ausland- und Inlandwährung hat, als Effektivverpflichtungen zu betrachten sind (wenn der Gläubiger sich für Fremdwährung entscheidet), also der Fall der alternativen Währungsklausel,[35] ist zu bejahen, da es sich um keine Verbindlichkeit handelt, die der Schuldner ohne weiteres in Zahlungsmitteln der Schillingwährung erfüllen kann.[36]

7. Forderungen in Auslandwährung mit Goldklausel werden in der GKV. nicht erwähnt und sind verhältnismäßig spät unter dem Eindrucke der Dollarabwertung Gegenstand von Erörterungen geworden. Die ziemlich reiche Literatur stimmt im wesentlichen darin überein, daß Vollwirksamkeit der Goldwertklausel noch nicht eintritt, wenn der Stichtag für die betreffende Fremdwährung verlautbart wird.[37] Im übrigen sind die Auffassungen geteilt. Loeb-Komorzynski 55ff. (vgl. auch Loeb, JBl. 1934, 32) stehen auf dem Standpunkte, daß in solchen Fällen eine Valuta- und eine Goldklausel vorliege und jeweils zu untersuchen sei, ob die betreffende Verbindlichkeit zum Goldkurse erfüllt werden müßte, wenn sie auf Goldschilling lauten würde. Bis zur Vollwirksamkeit der Goldklausel bei Schillingverpflichtungen seien daher die geschuldeten Goldvalutabeträge zum Nennwerte nach dem Privatclearingkurs zu erfüllen. Der OGH. hat sich dieser Meinung in der E. vom 16. Oktober 1934, JBl. 1935, 15f., ZBl. 1935/1, angeschlossen. Sie wird auch von Kienböck, Die Stellung Österreichs zur Frage der Golddollar-

verpflichtungen, Österreichische Immobilienzeitung, 1935, Nr. 16, 3f., geteilt. Danach würde paradoxerweise bei Goldforderungen in entwerteter Fremdwährung die Schillingentwertung, nicht aber die Entwertung der betreffenden Fremdwährung berücksichtigt. Nach der E. des LG. f. ZRS. Graz vom 24. Juli 1934, ZBl. 1935/48, findet die GKV. auf Goldverpflichtungen in Auslandwährung überhaupt keine Anwendung und müssen sie schon vor dem Stichtage für die betreffende Währung vollwertig erfüllt werden. Diese Auffassung (der anscheinend auch Löbl, Rspr. 1935, 3, und Ettinger, Goldklausel bei Fremdwährungsverpflichtungen, Österreichische Immobilienzeitung, 1935, Heft 1, 4f., zuneigen) ist unrichtig, weil es sich hier um nichteffektive Forderungen in Fremdwährung handelt, die daher unter die GKV. fallen (vgl. Schludermann, ZBl. 1935, 136, der sie für verschleierte Goldschillingforderungen hält). Die herrschende Lehre[38] rechnet den Wert der Forderung vorerst in die ausländische Papiervaluta um (z. B. Gold- in Papierdollar). Dieser Betrag ist bis zum Stichtage für Goldforderungen der betreffenden Währung zum Nationalbankkurs zu erfüllen. Die E. vom 2. Oktober 1934, SZ. XVI/205, vom 20. März 1935, Rspr. 1935/166, JBl. 1935, 347f., vom 9. April 1935, Rspr. 1935/123, RZ. 1935, 115, NotZ. 1935, 177, Plesch, Die Goldklausel, 155ff., vom 2. Mai 1935, JBl. 1935, 347, GerH. 1935, 93f., und vom 8. Juli 1935, Rspr. 1935/207 und 274, Plesch 157ff., haben sich dieser Auffassung angeschlossen. Es ist ihr zuzustimmen, da mangels einer ausdrücklichen Regelung in der GKV. (vgl. allerdings Anm. 37) angenommen werden muß, daß einerseits der Gläubiger der von ihm gegen die Entwertung der Auslandwährung gewählten Schutzmaßnahmen nicht verlustig gehen soll, anderseits die Vollwirkung der Goldklausel bei Fremdwährungsforderungen den Schuldner entgegen den Absichten der Goldverordnungen allzusehr belasten würde. Bei der Goldmünzklausel ist jederzeit der volle innere Wert zu leisten.[39]

Zu untersuchen ist aber, ob die Aufhebung der Goldklausel im Mutterlande der Fremdwährung zu beachten ist, wenn das Schuldverhältnis österreichischem Rechte untersteht. Das wird für die Ungültigerklärung der Goldklausel in den Vereinigten Staaten allgemein verneint, allerdings mit verschiedener Begründung.[40] Ebenso müßte die Entscheidung in anderen Fällen der Goldklauselaufhebung ausfallen und gelten diese Regeln auch für Hypothekarforderungen.

Zusammenfassend ergibt sich, daß Hypothekarforderungen (mit Ausnahme der Sondervorschrift des § 11 GSchEV. und allfälliger Sonderregelungen bei der Stichtagverlautbarung von Fremdwährungsforderungen) bei ordnungsgemäßer Abwicklung gleich den nicht durch Liegenschaftspfand sichergestellten Forderungen auf Gold oder Fremdwährung zu erfüllen sind. Das gilt auch für die Hypothekenübernahme nach § 1408 ABGB. (§ 171 EO.)[41] und allfällige Klagen.[42]

Im Exekutionsverfahren[43] bietet die zwangsweise

Pfandrechtsbegründung keine Schwierigkeiten, da die Eintragung von Gold- und Fremdwährungshypotheken allgemein, und zwar auch im Zwangsvollstreckungsverfahren zugelassen wird (vgl. Lenhoff, Privatrechtliche Probleme, 24, Anm. 49).[44]

Bei der Zwangsverwaltung ist zu unterscheiden, ob die Zahlung gemäß § 120, Abs. 5 EO. ohne weiteres Verfahren oder gemäß § 124, Zl. 3, 125 EO. durch Zuweisung im Verteilungsbeschlusse erfolgt. Im ersten Falle ist für die Frage, welcher Kurs (Nationalbank- oder Börsenkammerkurs) und der Kurs welches Tages gilt, der Zeitpunkt der tatsächlichen Zahlung, im zweiten der Zeitpunkt der Verteilung (der an diesem Tage bekannte letzte Kurs) entscheidend.[45]

Was das Zwangsversteigerungsverfahren anlangt, so sind vorerst zwei Fragen zu untersuchen, die Behandlung von Hypothekarforderungen mit Effektivklausel und die der Fundierungsforderungen.

I. Eintragungen von Pfandrechten mit Effektivklausel werden in der Grundbuchpraxis allgemein zugelassen.[46] Schludermann will allerdings (JBl. 1933, 312, 314) bücherlich eingetragene Effektivklauseln bei der Meistbotsverteilung nur als Wertklauseln auslegen. Er begründet dies damit, daß der Gläubiger aus dem Meistbote nie österreichische Goldmünzen oder effektive Fremdwährung bekommen könne und auch der Parteiwille in den meisten Fällen auf eine Wertklausel gerichtet sei.[47]

Während bei Effektiveintragungen in Fremdwährung die Zuweisung aus dem Meistbote vollwertig erfolgt (E. vom 3. Februar 1933, SZ. XV/26, vgl. auch E. vom 12. September 1935, ZBl. 1936/54), schwankt bei Effektiveintragungen in Schillingwährung (Goldmünzen) die Judikatur (vgl. Torggler, Rspr. 1935, 47 ff.).[48]

Es ist m. E. für die Beantwortung dieser Frage entscheidend, wie die Ersatzleistung bei Geldschulden aufzufassen ist. Ist die Erfüllung in anderer Währung (bei ausländischer Währungsschuld) oder in anderen Geldsorten (bei Münzschulden) Zahlung nach § 1412 oder Leistung an Zahlungsstatt nach § 1414 ABGB. oder, anders ausgedrückt, ist die andere Währung (Geldsorte) ein „Aliud"? Leitet man das Recht des Gläubigers (vgl. die Ausführungen im Text nach Anm. 8) aus § 235, Abs. 4 ZPO. und § 912 ABGB. ab, wonach der Forderungsberechtigte jederzeit an Stelle der geschuldeten Sache das Interesse verlangen kann (Wahle, Beiträge, 20 f.), so liegt der Gedanke nahe, darin Leistung an Zahlungsstatt zu erblicken.[49] Das trifft aber nicht das Wesen der Geldschuld, die darauf gerichtet ist, dem Gläubiger Wert zu verschaffen, und die durch Leistung heterogener Sachen getilgt werden kann (Nußbaum, Das Geld, 67 f.). Der Schuldinhalt bleibt nach wie vor gleich, es ändert sich aber die Erfüllungsart, die Leistungsform (Klang, JBl. 1932, 129, Lenhoff, Privatrechtliche Probleme, 8 ff., zustimmend Gschnitzer im Kommentar zum ABGB., II/2, 385, Anm. 15, vgl. auch Swoboda, ebendort, 735, 745, Nußbaum, Das Geld, 72 f., Ehrenzweig II/1, 348, Wahle,

Rspr. VI, 252 f., VII, 149, 1935, 27 f., E. vom 27. September 1925, Rspr. VII/142, vom 1. Februar 1933, Rspr. 1933/22), wobei allerdings — wie Swoboda, a. a. O., und Löbl, Rspr. 1932, 126 f., richtig hervorheben — bei Effektivschulden die Zustimmung des Gläubigers erforderlich ist.[49a] Schließt man sich dieser Auffassung für die Auslegung der Effektivklausel bei Hypothekarforderungen an, so ist kein Grund vorhanden, derartige Ansprüche bei der Meistbotsverteilung anders zu behandeln als bei Erfüllung außerhalb eines Zwangsverfahrens (vgl. Lenhoff, a. a. O., 25 ff.). Man muß dabei noch berücksichtigen, daß bei Zwangsversteigerungen — wie schon Krasnopolski (Obligationenrecht, 50 f.) zutreffend betonte — für Fremdwährungsschulden eine „notwendige Liquidierung" der Forderung in Inlandwährung stattfindet, die vom Gläubigerwillen unabhängig ist. Es handelt sich hier tatsächlich um eine Umrechnung für die Zwecke der Meistbotsverteilung, die nur, wenn Barzahlung verlangt wird, die Wirkungen einer Umwandlung hat (vgl. Torggler, JBl. 1934, 315 ff.). Eine Veranlassung, Effektiveintragungen im Falle einer Zwangsversteigerung wie nichteffektive Forderungen zu behandeln, besteht jedenfalls nicht.[50] Effektivforderungen sind also bei der Meistbotsverteilung zum inneren Werte der Auslandwährung (Privatclearingkurs) oder der Bundesgoldmünze (Goldkurs) zuzuweisen.

II. Schludermann (JBl. 1933, 315 f.) will bei Fundierungsforderungen in Analogie zu § 9 GSchEV. für die Barzahlung oder Übernahme im Meistbotsverteilungsverfahren den Pfandbriefkurs zugrunde legen. Das wäre vollkommen zweckentsprechend (vgl. Anm. 26), läßt sich jedoch m. E. mit dem Gesetzeswortlaute nicht vereinen. Nach Loeb-Komorzynski (93) hat, wenn Barzahlung verlangt wird, der Exekutionsrichter auf Antrag des Verpflichteten den zur Tilgung erforderlichen Nennbetrag von Pfandbriefen anzuschaffen und dem Gläubiger zuzuweisen, wogegen im Falle der Übernahme die Forderung dem Ersteher zum Nennwerte überbunden wird. Diese Auffassung hat den Wortlaut des § 9 GSchEV. für sich, schafft jedoch einen unnötigen Gegensatz zwischen Barzahlung und Überbindung. Es erscheint auch fraglich, ob der Liegenschaftseigentümer ein derartiges Antragsrecht nach der Zuschlagserteilung hat. Ich selbst habe (Rspr. 1934, 3) die Meinung vertreten, daß in allen Fällen die nach dem Stichtag fällig gewordenen Raten zum Goldkurse, die Kapitalsforderungen jedoch zum Nennwerte zuzuweisen seien. Dadurch würde der Ersteher wie der frühere Eigentümer behandelt werden, die Anstalt hätte allerdings im Barzahlungsfalle einen Ausfall, wenn der Pfandbriefkurs über dem Nennwerte steht. Als Begründung führte ich an, daß § 5 GSchEV. im Gegensatze zur allgemein lautenden Fassung des § 1 die ab 30. April 1933 zum Goldkurse zu leistenden Zahlungen einzeln aufzähle.

Der OGH. erkannte jedoch in der E. vom 25. August 1933, SZ. XV/168 (es war Barzahlung verlangt worden), daß nach dem Stichtage sämtliche Zahlungen aus Fundierungsforderungen zum Goldkurse zu leisten seien und auch die Kapitalszuweisung aus dem Meistbote so zu erfolgen habe. Klang, JBl. 1934, 401, billigt diesen Standpunkt und kann auch der Wortlaut des § 5, Abs. 1 der V. vom 26. April 1933, BGBl. 150 („Verpflichtungen aus Fundierungsforderungen") zur Unterstützung herangezogen werden. Die E. vom 15. Mai 1934, SZ. XVI/107, weist (im Überbindungsfalle) ebenfalls den Goldkurs zu. Die E. vom 2. November 1933, SZ. XV/218, steht nicht im Widerspruch zu diesen Erkenntnissen. Sie spricht, falls der Zuschlagstag vor dem Stichtage lag und ursprünglich Barzahlung verlangt wurde, auch dann nur den Kapitalsnennwert zu, wenn die Forderung nachträglich dem Ersteher überbunden wurde. Dagegen schließt sich die E. vom 22. Jänner 1935, SZ. XVII/13, für den Barzahlungsfall dem von Loeb-Komorzynski vertretenen Standpunkte an, wenn der Verpflichtete den Ankauf von Pfandbriefen beantragt. Sie hält auch die Meistbotsverteilung durch mehrere Teilbeschlüsse für zulässig. Die E. vom 11. Dezember 1935, JBl. 1936, 146, und vom 12. Februar 1936, ZBl. 1936/200, beschränken jedoch das Antragsrecht des Verpflichteten.[51] Die letztgenannte Entscheidung bezweifelt, ob das Recht nach § 9 GSchEV. dem Verpflichteten nach der Zuschlagserteilung noch zusteht. Die folgerichtige Entwicklung dieses Gedankens würde (außer bei Simultanhypotheken, wenn nur ein Teil der Pfandliegenschaften versteigert wurde) zum Standpunkte der E. vom 25. August 1933 zurückführen.

Im übrigen ist für das Zwangsversteigerungsverfahren zwischen der Forderung des betreibenden Gläubigers und jenen Forderungen, für welche Barzahlung verlangt wurde oder nach der EO. notwendig ist, einerseits, den überbundenen Hypothekarforderungen anderseits zu unterscheiden.[52]

Es kommen bei Fremdwährungs- und Goldhypotheken der ersten Gruppe für den zuzuweisenden Schillingbetrag vier mögliche Berechnungsarten in Betracht: Der Kurs des Zuschlagstages, der letzte am Versteigerungstage bekannte Kurs, der Kurs am Tage des Meistbotsverteilungsbeschlusses und jener des vermutlichen Auszahlungstages,[53] wobei auch im ersten und dritten Falle richtiger von dem an diesem Tage bekannten letzten Kurse gesprochen werden sollte (vgl. E. vom 16. April 1935, Rspr. 1935/124, und Nußbaum, Vertraglicher Schutz, 43, 47).

Der von Schludermann vertretenen Meinung ist m. E. zuzustimmen. Der am Versteigerungstage bekannte letzte Kurs deckt sich in den meisten Fällen mit dem am Tage der Zuschlagserteilung bekannten letzten Kurse, außer wenn der Zuschlag nach der Versteigerungstagsatzung (§ 185, Abs. 3 EO.) oder im Rekursverfahren erteilt wird. Es sprechen daher für den von Schludermann gewählten Zeitpunkt auch die Gründe, welche zugunsten des Zuschlagstages geltend gemacht werden (Neigung der Exekutionsordnung, die Wirkungen der Liegenschaftsversteigerung auf den Zuschlagstag zu vereinigen, Analogie mit der Regelung für überbundene Hypotheken, Zweckmäßigkeit für den mitsteigernden Hypothekargläubiger, vgl. hierüber Wahle, Rspr. 1934, 65 f., 1935, 103 f., Torggler, JBl. 1934, 316).

Bei den zur Überbindung gelangenden Forderungen ist nach der herrschenden Lehre (Schludermann, JBl. 1933, 313, Loeb-Kmorzynski 92, Torggler, JBl. 1934, 316) der Zuschlagstag maßgebend, doch wäre wohl auch hier richtiger der am Tage der Versteigerungstagsatzung bekannte letzte Kurs als entscheidend anzunehmen.

Die Frage, inwieweit ein Gläubigerwahlrecht (eine alternative Währungsklausel) bei der Meistbotsverteilung zu berücksichtigen ist, spielt bei beiden Forderungsgruppen eine Rolle, da die Praxis eine Alternativeintragung nicht zuläßt (Bartsch, Grundbuchsgesetz, 224, Anm. 28). Die E. vom 22. November 1935, JBl. 1936, 127, berücksichtigt unter Berufung auf § 14 GBG. nur die im Hauptbuche eingetragene Währung, die E. vom 11. April 1934, SZ. XVI/93, und vom 21. August 1935, Rspr. 1935/312, halten dagegen die Ausübung des Wahlrechtes bei der Meistbotsverteilung für zulässig, auch wenn der Gläubiger die nicht im Hauptbuch eingetragene Währung wählt. Sie begründen dies zutreffend damit, daß jedermann aus der Urkundensammlung diese Vereinbarung ersehen könne (vgl. hierzu Torggler, NotZ. 1934, 171 f.). Es ist dieser Auffassung (sie wird von Loeb, Rspr. 1934, 209 gebilligt) auch deshalb zuzustimmen, weil andernfalls ein unnötiger Gegensatz zwischen der Behandlung einer derartigen Forderung bei ordnungsgemäßer Erfüllung und bei einer Zwangsversteigerung besteht. Überdies wird dadurch bei überbundenen Forderungen eine über den Schillingbetrag des Meistbotes hinausgehende Mehrbelastung vermieden. Das urkundenmäßige Wahlrecht müßte nämlich m. E. dem Gläubiger im Kündigungsfalle gegenüber dem Ersteher zustehen, da die überbundene Schuld unter den gleichen Verpflichtungen auf den neuen Eigentümer übergeht (§ 1407 ABGB., vgl. die Begründungen der E. vom 1. Februar 1933, ZBl. 1933/116, und vom 15. Mai 1934, SZ. XVI/107). War im Grundbuche die entwertete Währung eingetragen und wählt dann seinerzeit der Gläubiger für die Rückzahlung die vollwertige Währung, so würde sich das zuungunsten des Erstehers auswirken (vgl. Torggler, JBl. 1934, 316 f., Rspr. 1935, 233).[54]

Die hier entwickelten Regeln sind zwar von Hypothekarforderungen mit bestimmter Geldsumme abgeleitet, lassen sich aber ohne weiteres auch auf Höchstbetragshypotheken anwenden. Streitig kann nur werden, ob bei derartigen Hypotheken auf Goldschilling oder Fremdwährung vor dem betreffenden Stichtage die zu berücksichtigende Höchstsumme nach dem Nennwerte (Nationalbankkurse) oder Goldkurse (Privatclearingkurse) zu berechnen ist. Diese Frage hängt mit jener zusammen, ob das Pfandrecht als solches abgewertet wird (vgl. die Ausführungen zu D vor Anm. 22) und ist im Sinne der Vollwertberechnung zu beantworten, da die Fassung des Art. 1, § 1 GKV. nur für eine Forderungsabwertung spricht (vgl. Schludermann, JBl. 1933, 316, NotZ. 1934, 32).

Was das Grundbuch anlangt, bestimmt § 10, Abs. 2 GSchEV., daß bei Fundierungsforderungen das betreffende Kreditinstitut die bücherliche Eintragung der geänderten Zahlungsbedingungen und allenfalls auch die Richtigstellung der Eintragungen hinsichtlich des Kautionsbandes zu bewirken hat, wobei Gebührenfreiheit gilt (§ 10, Abs. 3 GSchEV.). Diese Vorschrift erscheint nicht nur vollkommen überflüssig, sondern auch irreführend, da nach § 10, Abs. 1 GSchEV. die für Fundierungsforderungen erlassenen Vorschriften gegenüber dritten Personen ohne bücherliche Eintragung wirken. Es handelt sich nicht um Änderungen von Eintragungen, sondern um gesetzliche Vorschriften für die Auslegung der Eintragungen, welche auch ohne grundbücherliche Durchführung anzuwenden sind.[55]

II. Die Ausbeutungsverordnung.

Die Verordnung vom 17. März 1934, BGBl. 66, gegen die Ausbeutung Kreditsuchender (im folgenden nach Prager Ausbeutungsverordnung genannt)[56] will in Ergänzung der kaiserlichen Verordnung vom 12. Oktober 1914, RGBl. 275, über den Wucher die Ausbeutung von Schuldnern bei drei Arten von Kreditgeschäften bekämpfen, bei Krediten gegen Sicherstellung auf Liegenschaften, auf fortlaufende Bezüge, auf Ansprüche aus Lebensversicherungsverträgen. Für die gegenständliche Darstellung kommt die erste Gruppe und auch nur bezüglich der sie regelnden zivilrechtlichen Vorschriften in Betracht. Unter den Begriff des Kredits gegen Sicherstellung auf Liegenschaften fallen (wie Prager richtig bemerkt) Darlehen gegen Verpfändung oder Abtretung von Hypotheken nicht, so daß er also im wesentlichen nur den eigentlichen Hypothekarkredit umfaßt.[57]

Die zivilrechtlichen Folgen der Vdg. knüpfen sich beim Liegenschaftskredit, wenn man von der Darlehensvermittlung absieht, an folgende Tatbestände:

A. Das Fordern und das sich oder einem Dritten Gewähren- oder Versprechenlassen einer übermäßigen Gegenleistung für eine Leistung, die der Befriedigung des Geldbedürfnisses eines anderen dient (§ 1, Abs. 1, lit. a).[58]

B. Die Geltendmachung des Anspruches auf eine übermäßige Gegenleistung (§ 1, Abs. 1, lit. b), und zwar auch dann, wenn das dem Anspruche zugrunde liegende Rechtsgeschäft vor dem 20. März 1933 (Wirksamkeitsbeginn der Vdg.) abgeschlossen wurde (§ 6, Abs. 1).

Übermäßig ist eine Gegenleistung dann, wenn sie die bei solchen Geschäften im redlichen Verkehr üblichen, vom Kreditnehmer zu leistenden Aufwendungen beträchtlich übersteigt und dies nicht durch die Umstände des Einzelfalles gerechtfertigt ist. Zu den Aufwendungen gehören Zinsen, Spesen und andere Nebenleistungen aller Art, besonders Vorausabzüge vom Kapital (§ 2).[59]

Für Hypothekarkredite ist mit Rücksicht auf die übliche längere Laufzeit die Frage wichtig, welcher Zeitpunkt für die Beurteilung der Übermäßigkeit entscheidet. Die eine Richtung (Hermann, Anm. 7 und 13, Weiser 144, Swoboda 97, und im Kommentar, II/2, 759 f., Graschopf 128, und wohl auch der Richterlaß des Bundeskanzleramtes vom 21. März 1933 bei Hunna 379) hält den Tag der Geltendmachung für entscheidend, die andere jenen der Vereinbarung (Prager 19, 48 ff., Schell 202, Lieban 188, Ratzenhofer 460 f., E. des LG. Wien vom 22. September 1934, EvBl. I/194). Dieser Standpunkt ist m. E. unrichtig, da § 1, Abs. 1, lit. b, das Geltendmachen einer übermäßigen Gegenleistung behandelt und die Rückwirkungsvorschrift des § 6, Abs. 1 deutlich zeigt, daß nicht nur die seinerzeitigen, möglicherweise längst überholten, wirtschaftlichen Verhältnisse zu berücksichtigen sind. Prager (49) betont anderseits mit Recht, daß man den Gläubiger nicht deshalb bestrafen dürfe, weil er einen damals angemessenen Zins nicht sofort gerichtlich geltend gemacht hat.

Alle Schwierigkeiten lassen sich beseitigen, wenn man der Beurteilung den Zeitpunkt der Fälligkeit der einzelnen Gegenleistungen zugrunde legt. Es wird damit einerseits dem Nachwirken hoher, zur Zeit der Darlehensgewährung üblicher Zinssätze entgegengetreten, anderseits den Verhältnissen der Gegenwart genügend Rechnung getragen. Mit dem Wortlaute der Vdg. läßt sich diese Auffassung ohne weiteres vereinigen.[60]

Die zivilrechtlichen Folgen der vorerwähnten Tatbestände können in vier Gruppen eingeteilt werden.[61]

1. Der Schuldner hat, wenn es auch in der Vdg. nicht ausdrücklich erwähnt ist, das Recht, einer vom Gläubiger eingeklagten Forderung die Einrede der Übermäßigkeit entgegenzusetzen oder frühere übermäßige Zahlungen aufzurechnen.[62]

2. Es steht ihm weiters ein Rückforderungsanspruch hinsichtlich des übermäßigen Teiles seiner Gegenleistung gegenüber dem Kreditgeber zu, an welchen das Übermaß bezahlt wurde (Prager 34).[63] Der Anspruch verjährt drei Jahre nach der letzten (nicht notwendig übermäßigen, vgl. Hermann, Anm. 17, gegen Prager 34) Zahlung des Schuldners (§ 4, Abs. 1). Aus Rechtsgeschäften, die vor Erlassung der Vdg. abgeschlossen wurden, können nicht länger als drei Jahre zurückliegende Gegenleistungen zurückgefordert werden.[64] Vereinbarungen, welche den Rückforderungsanspruch verhindern oder erschweren sollen, sind nichtig (§ 5).[65] Aus dem Zwecke der Ausbeutungsverordnung ist anzunehmen, daß rechtskräftige Entscheidungen dem Rückforderungsanspruch nicht entgegenstehen.[66]

3. Ist ein Rückforderungsanspruch gerichtlich geltend gemacht und ausreichend bescheinigt, so kann ein anhängiger Rechtsstreit zwischen den gleichen Parteien über eine Leistung aus dem Kreditgeschäfte unterbrochen und eine Exekution wegen einer solchen

Leistung aufgeschoben werden, bis über den Rückforderungsanspruch rechtskräftig entschieden wird (§ 4, Abs. 3).[67]

4. Tief einschneidend in die Gläubigerrechte ist die in der Vdg. festgelegte Kündigungsbeschränkung. Ist gegen den Kreditgeber ein Rückforderungsanspruch gerichtlich anhängig und ausreichend bescheinigt oder mit Erfolg geltend gemacht, so kann er seine Forderung nicht früher als zwei Jahre vom Tage der gerichtlichen Geltendmachung des Rückforderungsanspruches an „fällig machen",[68] außer wenn der Schuldner mit mehr als einer vertragsmäßig wiederkehrenden Leistung im Rückstande bleibt (§ 4, Abs. 2).[69]

Die nicht besonders glückliche Fassung dieser Bestimmungen (vgl. Prager 37 f.) verursacht verschiedene Streitfragen:

a) Die Streitanhängigkeit eines Rückforderungsanspruches bewirkt vorläufig nur die Unterbrechung des neuen Verfahrens, erst das Ergebnis des Rückforderungsprozesses entscheidet über die Zulässigkeit oder Unzulässigkeit der Kündigung (Prager 38 f.). Durch die Fassung des § 4, Abs. 2 werden aber auch jene Fälle getroffen, bei denen es zu keiner Gerichtsentscheidung kommt (z. B. wenn der Gläubiger den zurückgeforderten Betrag nach Klagseinbringung zahlt).

b) Soll die Kündigungsbeschränkung nicht illusorisch sein, so ist der Kündigung Fälligstellung ohne Kündigung gleichzusetzen.[70]

c) Der Ausdruck „fällig machen" ist so zu verstehen, daß das Kapital frühestens auf einen zwei Jahre nach Einbringung der Rückforderungsklage liegenden Zeitpunkt fällig gestellt werden kann (Prager 36).

d) Der Rechtsnachfolger, besonders der Übernehmer einer Forderung, ist in der Kündigungsmöglichkeit nicht beschränkt, wenn er selbst keine übermäßige Gegenleistung erhalten hat.

Die zivilrechtlichen Folgen äußern sich in erster Linie bei Vertragshypotheken, auf Zwangshypotheken sind sie m. E. nur dann anwendbar, wenn bei Stundung der betreffenden Forderung ein Tatbestand nach § 1, Abs. 1, lit. a gesetzt wird (vgl. Anm. 58). Die Kündigungsbeschränkung tritt natürlich nur dann ein, wenn die Stundung nicht auf eine bestimmte Frist gewährt wurde.

III. Die Exekutionsnovelle 1933.

Die Verordnung vom 30. Juni 1933, BGBl. 273 (im folgenden Exekutionsnovelle 1933 genannt),[71] zerfällt in zwei Teile. Der erste ergänzt das Gesetz vom 2. August 1933, BGBl. 243, über zeitweilige Änderungen des Zwangsversteigerungsverfahrens[72] in folgenden Richtungen:

1. Im nunmehrigen § 1, Abs. 3 werden die Institute aufgezählt, gegenüber denen bei rechtzeitiger Mahnung (siehe Anm. 72) eine Aufschiebung des Liegenschaftsversteigerungsverfahrens unzulässig ist.[73]

2. Es können nunmehr insgesamt drei Aufschiebungen mit

einer Höchstgesamtdauer von $1^1/_2$ Jahren erfolgen (Begründung 43).

3. Die Wirksamkeit des Gesetzes wurde vorerst bis 31. Dezember 1933 erstreckt.[74]

4. Es wurde entsprechend der Praxis bestimmt, daß der Richter über die Frage der Wertverschleuderung gegebenenfalls Sachverständige vernehmen könne.[75] Durch die Einführung, daß der Zuschlag „nach Ermessen des Gerichtes" verweigert werden kann, sollte die richterliche Verfügungsfreiheit verstärkt werden (Begründung 43, Hermann in II b, 2, Anm. 6).

5. Durch § 7, Abs. 4 der neuen Fassung ist nunmehr klargestellt, daß das Versteigerungsverfahren auf Antrag des Betreibenden nach Rechtskraft der Zuschlagsverweigerung sofort fortgesetzt werden kann.[76]

6. Bei dieser neuerlichen Versteigerung darf der Verpflichtete einen Antrag auf Zuschlagsverweigerung wegen Wertverschleuderung nicht mehr stellen (§ 7, Abs. 2 der neuen Fassung).[77]

Dieser Zusatz raubt der Zuschlagsverweigerung die praktische Bedeutung (anderer Auffassung Hermann in II b, 2, Anm. 1 zu BGBl. 256/35). Der betreibende Gläubiger hat es im Einvernehmen mit dem Ersteher in der Hand (besonders wenn er auf Beschlußausfertigung und Rekurs verzichtet), in $1^1/_2$ bis 2 Monaten einen neuen Versteigerungstermin zu erwirken. In so kurzer Zeit werden sich die wirtschaftlichen Verhältnisse kaum ändern und ist dann die Zuschlagsverweigerung im ersten Termine eine überflüssige Mehrarbeit für die Exekutionsgerichte.[78]

Die Wirkung dieser Vorschriften auf Hypothekarforderungen ist im allgemeinen eine indirekte. Bedeutungsvoller ist der zweite Teil der Exekutionsnovelle 1933, welcher eine Zinsfußherabsetzung für mündelsichere Hypothekardarlehen herbeiführen will und die Kündigungsmöglichkeit einschränkt.[79] Diese Bestimmungen gelten für eine Gruppe von bevorrechteten Gläubigern nicht. Es sind dies wiederum die der öffentlichen Rechnungslegung unterliegenden Institute (auch hier einzeln aufgezählt) und Bankunternehmungen (Art. II, § 5).[80]

A. Exekutionen zur Hereinbringung der Zinsen mündelsicherer Hypothekardarlehen sind, wenn es der Verpflichtete beantragt, auf das Ausmaß von 7% Zinsen und 8% Verzugszinsen einzuschränken (Art. II, § 1, Abs. 1 und 3).[81] Dieses Ausmaß übersteigende Zinsen sind, falls aus dem Liegenschaftsmeistbote die Kapitalsforderung voll zum Zuge kommt, nicht zuzusprechen, wenn der Verpflichtete spätestens bei der Verteilungstagsatzung widerspricht. Der freiwerdende Betrag fällt dem Nächstberechtigten, ist keiner vorhanden, dem Verpflichteten zu (Art. II, § 3, Abs. 1).[82] Alle diese Vorschriften sind eine dauernde Ergänzung der Exekutionsordnung (Ettinger 188).

Die Mündelsicherheit wird bei anderen Exekutionen als der Zwangsversteigerung (von Liegenschaften)[83] durch Vorlage einer gerichtlichen oder sonstigen unbedenklichen Schätzung der Pfandliegenschaft aus den letzten drei Jahren nachgewiesen. Beantragt es der Verpflichtete, so kann auf seine Kosten eine besondere gerichtliche Schätzung vorgenommen werden (Art. II, § 1, Abs. 2).

Aus der wenig gelungenen Fassung dieser Bestimmung ergeben sich eine Reihe von Fragen, die einer näheren Untersuchung bedürfen.

1. Beziehen sich diese Zinsbeschränkungen auch auf Zwangshypotheken? Klang (310 zu II, 1 b und c) und anscheinend auch Krehan (NotZ. 1934, 9) bejahen dies, jener und Ettinger (191) allerdings nur für den Fall der Meistbotsverteilung aus einer Liegenschaft. Ich halte diese Auffassung nicht für richtig, weil die Vdg. immer nur von „Hypothekardarlehen" spricht und der Begriff des Darlehens freiwillige Gewährung, einen Vertrag, voraussetzt (§ 983 ABGB., vgl. Ehrenzweig II/1, 396 f., Swoboda im Kommentar zum ABGB., II/2, 709 f., 717).[84] Diese Regelung ist allerdings nicht zweckmäßig.

2. Bezieht sich der Höchstzinsfuß nur auf Liegenschaftsexekutionen? Dies wird von Klang (310 zu II, 10) und von den E. vom 1. Juni 1934, SZ. XVI/122, und vom 3. Oktober 1934, Rspr. 1934/369, angenommen. Ratzenhofer, ZAuslR. 1934, 461, 473 schwankt. Ich halte die herrschende Lehre (Ettinger 189, 191, Krehan, NotZ. 1934, 9, Hermann in II b, 2, Anm. 5 zu Art. II, Hundegger, NotZ. 1936, 5), welche diese Bestimmung bei allen Exekutionen auf Grund eines mündelsicheren Hypothekardarlehens anwenden will, mit Rücksicht auf den Ausdruck „andere Exekutionen" (Art. II, § 1, Abs. 3, und § 3, Abs. 2) für richtig (vgl. Anm. 82).

3. Sind unter „Verzugszinsen" in Art. II, § 1, Abs. 3 mit Klang (310) und Ettinger (190) nur Zinseszinsen zu verstehen? Es fallen darunter m. E. auch die Verzugszinsen, welche üblicherweise für den Fall nicht pünktlicher Kapitalsrückzahlung in den Schuld- und Pfandurkunden mit einem höheren Ausmaße als die Vertragszinsen (und gesetzlichen Verzugszinsen) bedungen werden und so als eine Art Konventionalstrafe wirken.[85]

4. Welche Nebenleistungen sind in die Zinshöchstsumme einzurechnen? Nach Klang (310) gilt Art. II, § 2 nur für jene Nebengebühren, welche ein Entgelt für die Kreditgewährung darstellen, z. B. Regiebeiträge, Vorlageprovisionen, dagegen nicht für den Rentensteuerersatz (ebenso Braun 24). Dagegen meint Ettinger (190 f.), daß für die Frage, ob eine schuldnerische Leistung in das Höchstausmaß einzurechnen ist, nur der Umstand entscheide, ob diese Leistung vom Gläubiger bzw. jemand anderem beansprucht wird oder nicht. Jenes gelte für die Rentensteuer und die Kosten, deren Ersatz sich der Gläubiger in der Urkunde ausbedingt, dieses z. B. für Urkunden- und Eintragungsgebühren, die der Staat direkt vom Schuldner einfordert. Ich glaube, daß im allgemeinen die Auffassung Ettingers dem Willen des Gesetzgebers mehr entspricht, doch scheint mir für die Frage der Anrechenbarkeit der Umstand entscheidend zu sein, ob die betreffende schuldne-

rische Leistung dem Gläubiger einen Vorteil verschafft (vgl. Begründung 44). Dies trifft zwar beim Rentensteuerersatz zu, nicht aber z. B. beim Ersatz der Kosten der Vertragsverfassung, da der Schuldner doch irgendeinen Rechtskundigen damit betrauen und ihn bezahlen müßte.[86]

5. Was ist eine für die Feststellung der Mündelsicherheit maßgebende „unbedenkliche Schätzung" (Art. II, § 1, Abs. 2)? Nach dem Verordnungstexte jedenfalls eine gerichtliche Schätzung, welche nicht älter als drei Jahre ist. Dagegen muß m. E. bei allen anderen älteren Schätzungen mit Rücksicht auf die Änderung der Liegenschaftswerte in den letzten Jahren die Frage der Unbedenklichkeit vom Gerichte genau überprüft werden.[87]

Ein zusammenfassendes Urteil über die Art und Weise, wie die Exekutionsnovelle die Zinshöhe einzuschränken versucht, muß ungünstig ausfallen.[88] Die Zinsbeschränkung wirkt sich praktisch einzig und allein bei der Verteilung eines Liegenschaftsmeistbotes aus und da in den meisten Fällen nicht zugunsten des Schuldners, der geschützt werden soll, sondern zugunsten der Nachhypothekare.[89] Es ist im übrigen unverständlich, warum die Einschränkungsmöglichkeit in das Exekutionsstadium verlegt wurde.[90] Will der Schuldner eine Exekutionseinschränkung — die nur für den gerade betriebenen Zins gilt — erreichen, so muß er sich vorher klagen und exequieren lassen. Daß die Prozeß- und Exekutionskosten die ersparte Zinsdifferenz in beinahe allen Fällen übersteigen werden, ist klar.[91]

Durch die Bestimmungen der Vdg. ist in der Zinsenforderung des Gläubigers, welche das unter allen Umständen vollstreckbare Höchstausmaß überschreitet, ein eigentümliches Rechtsgebilde, eine juristische Monstrosität, geschaffen worden. Eine derartige Forderung steht in der Mitte zwischen einer Naturalobligation und einer normalen Forderung. Sie kann eingeklagt werden und muß der Richter den Beklagten verurteilen. Es muß für sie Exekution bewilligt und (falls nicht vorher der Schuldner den Einschränkungsantrag stellt) vollzogen werden. Solange sie nicht bezahlt ist, kann der Gläubiger auch nach dem Einschränkungsbeschlusse und Zahlung der Darlehenshauptsache samt gekürzten Zinsen die Ausstellung einer Löschungsquittung verweigern. Sie ist aufrechenbar (E. des LG. Wien vom 4. Jänner 1936, EvBl. III/105) und es besteht kein Rückforderungsanspruch, wenn sie bezahlt wurde.[92]

B. Die mit 31. Dezember 1935 außer Wirksamkeit getretene Kündigungsbeschränkung galt für Hypothekardarlehen, welche innerhalb der Mündelsicherheit lagen.[93] Der Gläubiger — außer ein Rechtsnachfolger des Kreditgebers, auf den die Forderung im Erbwege gelangte —[94] konnte ein derartiges Darlehen durch Kündigung vor dem 1. Jänner 1936 (ursprünglich 1. Mai 1935) nur dann „fällig machen", wenn der Schuldner mit einer der regelmäßig wiederkehrenden Leistungen an Kapital und Zinsen im Rückstande blieb (Fassung nach dem Bundesgesetze, BGBl. 153/35,[95] kundgemacht am 30. April 1935).

1. Die Kündigung war nach dem ursprünglichen Texte des Art. II, § 4 der Exekutionsnovelle[96] möglich, wenn der Schuldner „mit mehr als einer der wiederkehrenden Leistungen rückständig bleibt". Diese Vorschrift wurde von Mattausch, Ettinger und Krehan dahin ausgelegt, daß mindestens zwei Raten rückständig sein müßten, wobei Ettinger allerdings auch Teilrückstände für ausreichend erachtete. Diese Auffassung entsprach dem Gesetzestexte nicht (vgl. dagegen die Fassung des § 3 Ratengesetz), sondern war mit Bunzl anzunehmen, daß die Gesamtrückstände mehr als eine Rate ausmachen müßten. Dies kam darauf hinaus, daß bei Fälligkeit einer neuen Rate die Rückstände zusammen mindestens eine Rate erreichen mußten. Die neue Fassung bedeutete eine weitgehende Lockerung der Kündigungsbeschränkungen,[97] da nur mehr jener Schuldner vor einer Kündigung geschützt war, der am Fälligkeitstage zahlte oder dessen verspätete Zahlung vom Gläubiger vorbehaltlos angenommen wurde. Eine vorbehaltlose Annahme war allerdings schon dann anzunehmen, wenn der Gläubiger vor der verspäteten Zahlung nicht gekündigt hatte.

2. Streitig war, ob Verfallsklauseln, die in den meisten Darlehensurkunden enthalten sind und bei Säumnis in der Zinszahlung oder aus anderen Gründen dem Gläubiger das Recht einräumen, das Kapital ohne Kündigung fällig zu stellen (Kündigung mit sofortiger Fälligkeit, Graschopf 122), oder die Fälligkeit von selbst herbeiführen, trotz der Exekutionsnovelle wirksam blieben. Es war m. E. zwischen der Verfallsklausel wegen Terminverlust und wegen Verletzung anderer Vertragsbestimmungen zu unterscheiden. Die Verfallsklausel der ersten Art war (ebenso wie in der Ausbeutungsverordnung) als eine (fristlose) Kündigung zu werten und ihre Geltendmachung daher an die Voraussetzung geknüpft, daß der Schuldner mit mehr als einer Rate im Rückstande blieb.[98] Seit dem Bundesgesetze BGBl. 153/35 unterlag eine derartige Fälligstellung keiner Beschränkung, wenn eine volle Rate ausständig war. Verfallsklauseln der zweiten Art waren durch die Exekutionsnovelle nicht berührt worden (Hermann in II b, 2, Anm. 1 zu BGBl. 153/35, E. vom 5. Oktober 1934, SZ. XVI/172).

3. Daß Darlehensforderungen mit festem Rückzahlungstermine und Kündigungen, die nach Inkrafttreten der Vdg. vom Schuldner angenommen wurden, unberührt blieben, war klar (Ettinger 191, Mattausch 375, Krehan, JBl. 1934, 209, Graschopf 123).

4. Daß eine Kündigung unwirksam sei, wenn der Schuldner zwar nicht den vertragsmäßigen Zins, wohl aber die vollstreckbaren Höchstzinsen nach Art. II, § 1 bezahlt, stellte das BGBl. 153/35 außer Streit. Es war m. E. schon vorher so zu entscheiden, da sonst der Schutzzweck der Verordnung vereitelt worden wäre.[99]

5. Kündigungen, welche vor Inkrafttreten der Vdg. ausgesprochen wurden, blieben gültig, da diese nur verhindern wollte, daß Darlehensgeber die Zinsbeschränkungen zum Anlasse nehmen, das Kapital zu kündigen (Begründung 43), und an dieser Stelle (anders Art. II, § 1)

keine Rückwirkung vorgesehen war (Hermann in II b, 2, Anm. 10 zu Art. II, Mattausch 375, Graschopf 122, E. vom 30. Jänner 1934, SZ. XVI/21).

Zu erörtern ist, ob die Vorschriften der Exekutionsnovelle 1933 zwingendes Recht sind.[100] Man muß bei Beantwortung dieser Frage davon ausgehen, daß die Zinsfußhöchstgrenze nur auf Antrag des Verpflichteten zu beachten ist (Art. II, § 1, Abs. 1, und § 3, Abs. 1). Es unterliegt m. E. keinem Bedenken, daß bei der Gewährung neuer Darlehen der Schuldner auf sein Antragsrecht verzichtet oder daß bei bereits bestehenden Hypothekarforderungen derartige Vereinbarungen abgeschlossen werden.[101] Sie können allerdings unter Umständen gegen § 5 der Ausbeutungsverordnung verstoßen und aus diesem Grunde ungültig sein.

Die Abdingbarkeit der Zinsfußbeschränkungen der Exekutionsnovelle 1933 ist von großer praktischer Bedeutung. Es wird dadurch möglich, die Interessen des Hypothekargläubigers und des Schuldners auf einen gemeinsamen Nenner zu bringen. Der Gläubiger ermäßigt den Vertragszins (z. B. auf 8%), der Schuldner verzichtet darauf, im Exekutionsverfahren eine weitere Herabsetzung zu beantragen. Der Gläubiger erhält dadurch mehr, als er sonst schließlich durch Zwangsvollstreckung bekommen würde, der Schuldner erspart sich die Prozeß- und Exekutionskosten.

Bezüglich der Kündigungsbeschränkungen war zu beachten, daß es sich hier nicht um Exekutionsvorschriften, sondern um zivilrechtliche Bestimmungen handelte. Abweichende Vereinbarungen waren daher gültig (dafür Ettinger 192, dagegen Graschopf 122, und die E. vom 6. März 1935 in Anm. 101).

Es muß schließlich noch geprüft werden, ob die Exekutionsnovelle 1933 auch für Hypothekarforderungen gilt, die nach ihrem Inkrafttreten (1. Juli 1933) entstanden sind. Diese Frage ist (mit Ettinger 192, abweichend die E. vom 6. März 1935 in Anm. 101) zu bejahen, da die Vdg. keinen Hinweis enthält, daß sie sich nur auf bereits bestehende Forderungen beziehe. Hierbei ist allerdings gerade bei neuen Darlehen an der Auffassung festzuhalten, daß die Vorschriften der Exekutionsnovelle kein zwingendes Recht sind.

IV. Die Fremdenbeherbergungsverordnung.

Die Vdg. vom 5. Jänner 1934, BGBl. 12, über Schutzmaßnahmen für das Fremdenbeherbergungsgewerbe[102] verfolgt im wesentlichen wirtschaftliche Zwecke. Sie gewährt einem bestimmten Personenkreise vorübergehend ein Moratorium, das über die Krisenzeit hinweghelfen soll. Die hierfür geschaffene Maßnahme ist die Geschäftsaufsicht, welche auf Grund eines bis 30. Juni 1934 zu stellenden Antrages vom zuständigen Gerichtshofe angeordnet wird, wenn bestimmte Voraussetzungen gegeben sind. Unter diesen Voraussetzungen sind hervorzuheben, daß es sich um einen Fremdenbeherbergungsbetrieb von mehr als örtlicher Bedeutung handeln muß, der hauptsächlich oder vorwiegend vom Fremdenverkehr abhängt, und daß Unternehmungen auszuschließen sind, deren wirtschaftliche Lage eine Sanierung aussichtslos erscheinen läßt.[103]

Durch den Anordnungsbeschluß werden die Investitionsforderungen für die Dauer der Geschäftsaufsicht auf die im folgenden näher bezeichnete Weise „gestundet".[104] Investitionsforderungen sind alle Kredite, welche vor dem 1. Mai 1933 zur Errichtung, Instandhaltung, Vergrößerung oder Verbesserung des schuldnerischen Betriebes verwendet wurden (§ 2, lit. a).[105] Die meisten vor diesem Zeitpunkte vertraglich begründeten Hypothekarforderungen, zumindestens soweit sie Darlehensforderungen sind, fallen demnach unter die Stundung. Dem Forderungsgläubiger steht nicht gegen die Anordnung der Geschäftsaufsicht, wohl aber gegen die Erklärung seiner Forderung als Investitionsforderung ein Rekursrecht zu (§ 20, Hermann, Anm. 7, Torggler 36). Durch die Novelle wird dem Investitionsgläubiger das Recht eingeräumt, die Aufhebung der Geschäftsaufsicht zu beantragen und gegen einen abweisenden Beschluß Rekurs zu ergreifen (§ 1, Zl. 3 und 4, Hermann, Anm. 4 und 5 zur Novelle, Torggler, NotZ. 1935, 202).

Die Wirkungen der Geschäftsaufsicht für die Investitionsforderungen sind folgende:[106]

1. Die Stundung erstreckt sich nicht nur auf die Hauptforderung, sondern auch auf die Zinsen (auch wenn sie erst während der Geschäftsaufsicht fällig werden, § 11, Abs. 1), und zwar

a) darf für eine solche Forderung weder der Konkurs eröffnet, noch an Sachen des Schuldners ein Pfand- oder Befriedigungsrecht erworben werden (§ 11, Abs. 2),[107] anhängige Zwangsvollstreckungen sind auf Schuldnerantrag aufzuschieben (§ 11, Abs. 3),

b) Verfalls- oder Kündigungsklauseln wegen Nichtleistung der während der Aufsicht fällig werdenden, regelmäßig wiederkehrenden Zahlungen sind unwirksam (§ 11, Abs. 4),[108]

c) die Verjährung ist gehemmt (§ 11, Abs. 5).

2. In Erweiterung des § 216, Abs. 2 EO. besitzen rückständige wiederkehrende Leistungen, die bei Aufsichtsanordnung nicht länger als $1^1/_2$ Jahre aushaften oder während der Aufsicht fällig werden, gleichen Rang mit dem Kapitale. Es dürfen jedoch die Gesamtrückstände bei Zuschlagserteilung das Ausmaß von $4^1/_2$ Jahren nicht übersteigen (§ 12, Abs. 1) und muß der Zuschlag spätestens drei Jahre nach Aufsichtserlöschens erfolgen (§ 12, Abs. 3). Bei Höchstbetragshypotheken darf die Höchstsumme durch solche Rückstände überschritten werden (§ 12, Abs. 2).

Für andere Forderungen, wenn sie nicht öffentlich-rechtlicher Natur oder nach dem Antrage auf Geschäftsaufsicht entstanden sind, also auch für Hypothekarforderungen, geführte Exekutionen können auf Antrag der Geschäftsaufsichtsperson bis zur Höchstdauer von zehn Monaten aufgeschoben werden, wenn sonst der Zweck der Geschäftsaufsicht vereitelt würde, jedoch hat eine Interessenabwägung stattzufinden (§ 13).[109]

Die Stundungswirkungen sind dadurch abgeschwächt, daß die Geschäftsaufsicht höchstens bis 31. Oktober 1936 (ursprünglich 31. Oktober 1935) dauern darf, durch Ausgleichs- oder Konkurseröffnung erlischt und vom Gericht aufgehoben werden kann, und zwar besonders dann, wenn sich die Ordnung der schuldnerischen Verbindlichkeiten als undurchführbar erweist (§ 19, Hermann, Anm. 30, 32—34, Fürth 55, Torggler 37). Die Novelle verschärft die Einstellungsgründe bedeutend (§ 1, Zl. 2, Hermann, Anm. 2 und 3 zur Novelle, Torggler, NotZ. 1935, 202).

Die Belastung der Hypothekargläubiger ist aber auch so eine starke. Besonders Nachhypothekare können durch das Anwachsen der Vorbelastung Schaden leiden.[110]

V. Die Bergbauernverordnung.

Die Verordnung vom 1. Februar 1934, BGBl. 65, betreffend die Erleichterung der Schuldverhältnisse der Bergbauern (im folgenden Bergbauernverordnung genannt),[111] behandelt in erster Linie wirtschaftliche Fragen und ist (mit Ausnahme jener Betriebe, bei denen das Hilfsverfahren erst nach der Novelle eröffnet wurde) mit 31. März 1935 außer Wirksamkeit getreten. Aber auch sie greift in privatrechtliche Verhältnisse einschneidend ein und ist dadurch für das Hypothekenrecht von Bedeutung. Über die Frage, ob ein Bergbauer durch den Bauernhilfsfonds aus öffentlichen Mitteln eine Hilfe erhalten soll (§§ 1, 15, 17), ist nach Durchführung eines Hilfsverfahrens zu entscheiden.[112]

Die Wirkungen des Hilfsverfahrens äußern sich in zweierlei Richtungen. Einerseits sollen die Gläubiger zu Kapitalsnachlässen, zu Zinsherabsetzungen und günstigen Tilgungsbedingungen bestimmt werden.[113] Anderseits gewährt das Hilfsverfahren den Schuldnern ein (wenn auch in der Vdg. nicht als solches bezeichnetes) Moratorium, eine gesetzliche Stundung.

Mit Ausnahme einer kleinen Gruppe von Forderungen[114] können während des Verfahrens Geldansprüche nicht eingeklagt, behängende Prozesse nicht fortgesetzt werden. Zwangsvollstreckungen sind auf Antrag des Schuldners aufzuschieben, neue dürfen nicht bewilligt werden. Konkurseröffnung auf Grund derartiger Forderungen ist unzulässig. Wie bei der Fremdenbeherbergungsverordnung, findet eine Ausdehnung der Dreijahresfrist des § 216 EO. für rückständige, wiederkehrende Leistungen unter den gleichen Beschränkungen, jedoch nur um ein Jahr (BGBl. 32/35) statt und wird die Verjährung sämtlicher (also auch der in Anm. 114 erwähnten) Forderungen gegen den Schuldner gehemmt.[115] Die zwei letzten Vorschriften üben ihre Wirkung auch nach Beendigung des Hilfsverfahrens aus.

Durch die Bestimmungen der Bergbauernverordnung werden ebenfalls in erster Linie die Hypothekarforderungen berührt. Es war vorerst als Höchstgrenze für die Dauer des Hilfsverfahrens im Einzelfalle ein Zeitraum von vier, allenfalls sechs Monaten vorgesehen (§ 16a). Durch die Gesetze vom 20. Juli 1934, BGBl. II, 168, vom 26. Oktober 1934, BGBl. II, 318, und BGBl. 74/35 wurde als Endtermin zuerst der 31. Oktober 1934, dann der 28. Februar und schließlich der 31. März 1935 festgesetzt. Für Hilfsverfahren, die auf Grund der Novelle eingeleitet werden (Frist für die Ansuchen 15. August 1935), war als Endzeitpunkt der 31. März 1936 bestimmt worden (§ 2, Zl. 3), der durch BGBl. 101/36 auf 30. Juni 1936 verlegt wurde.[116]

VI. Personenmehrheit auf der Schuldnerseite.

Die vorhergehenden Abschnitte behandeln ausschließlich den Regelfall. daß nur ein Schuldner vorhanden und dieser gleichzeitig Eigentümer der Pfandliegenschaft ist. Es müssen nun die Fragen erörtert werden, welche sich dann ergeben, wenn bei Hypothekarforderungen eine Mehrheit von Schuldnern oder Haftenden vorkommt und die Pfandliegenschaft einer Person gehört, welche nicht Allein- oder Hauptschuldner ist. Weiters ist zu unterscheiden, ob mehrere gleichmäßig Verpflichtete oder ob neben dem Hauptschuldner Bürgen (Garanten) haften. Es ist ferner in allen Fällen zu untersuchen, ob die Rechte des Gläubigers sich mit den Regreßrechten der Haftenden untereinander decken.

A. Bei einer Schuldnermehrheit zur ungeteilten Hand[117] ist der Fall zu erörtern, daß ein Mitschuldner auch mit seiner Liegenschaft, der oder die anderen nur persönlich haften.

1. Bei Anwendung des GKV. und GSchEV. können Schwierigkeiten durch die Bestimmung des § 11 GSchEV. oder dann entstehen, wenn die Stichtagverlautbarung für eine Fremdwährung vorerst nur für eine bestimmte Forderungsart erfolgt (Art. 1, § 2, Abs. 2 GKV.). Dies war z. B. bei der ersten Stichtagverlautbarung vom 29. März 1933, BGBl. 93, für Warenlieferungen und Dienstleistungen der Fall.

Es ist, wie in Abschnitt I, C ausgeführt, zu unterscheiden, ob das Pfandrecht vertragsmäßig oder zwangsweise begründet wurde. Bei Hypothekardarlehen haftet der nur persönliche Schuldner nicht weitergehender als jener Mitschuldner, dessen Liegenschaft zum Pfande unterstellt ist.[118] Dasselbe gilt, wenn für eine Schuld mit anderer Entstehungsursache (z. B. Kauf) die Liegenschaft eines Mitschuldners vertraglich verpfändet wird (Klang, JBl. 1933, 180, Lenhoff, NotZ. 1933, 121, Braunfeld, NotZ. 1933, 205).

Handelt es sich um eine Zwangshypothek, so scheiden alle Pfandrechte aus, die nach Inkrafttreten der Goldverordnungen und Verlautbarung der entsprechenden Stichtage begründet wurden, da für sie die Ausnahmsvorschriften der GKV. und GSchEV. nicht gelten.[119] Der Fall liegt anders, wenn das Zwangspfand begründet wurde, bevor eine allgemeine Stichtagverlautbarung erfolgte, z. B. für eine Warenforderung in Gold oder Auslandwährung eine Zwangshypothek vor dem 1. Mai bzw. 30. März 1933 erwirkt wurde. Dann kann m. E. vor dem Stichtage für Hypothekarforderungen der Gläubiger aus dem Liegenschaftsmeistbote oder den Erträgnissen einer Zwangsverwaltung im Range der eingetragenen Hypothek nur Zahlung zum Nennwerte (Nationalbankkurse) verlangen. Leitet er aber nach dem 30. März (1. Mai) 1933 Zwangsversteigerung oder Zwangsverwaltung ein, so kann er im Range der betreffenden grundbücherlichen Anmerkungen den Mehrbetrag geltend machen, desgleichen gegen alle weiteren Mitschuldner (vgl. Abschnitt I zu C und Anm. 53 a. E., über die Behandlung vor dem Stichtage eingeleiteter Zwangsverwaltungen und Zwangsversteigerungen von Liegenschaften siehe Anm. 21).

Die Rückgriffsansprüche zwischen den Mitschuldnern werden durch die Goldverordnungen nicht berührt, da sicherlich eine Einengung der Vorschrift des § 896 ABGB. nicht beabsichtigt war und die Verordnungen nur das Verhältnis zwischen Gläubiger und Schuldner, nicht aber zwischen den Mitschuldnern regeln.[120]

2. Bei Anwendung der Ausbeutungsverordnung geht m. E. aus dem Wortlaute (§ 1, Abs. 1, lit. a) und dem Geiste der Verordnung hervor, daß das ganze Rechtsverhältnis ihren Vorschriften zu unterstellen ist, wenn bei Gesamtschuldverhältnissen auch nur ein Mitschuldner eine Liegenschaft für den Kredit verpfändete. Es wären sonst Umgehungen allzuleicht möglich.[121]

Macht ein Mitschuldner die Übermäßigkeit der Leistung durch Rückforderung oder Einrede gerichtlich geltend, so wirkt dies für alle Schuldner gemäß § 893 ABGB. als Erlöschungsgrund hinsichtlich des Übermaßes.[122] Das ist von Bedeutung, da andernfalls für die übrigen Mitschuldner die Bestimmungen des § 4 nicht anwendbar wären.[123]

Die Rückgriffsansprüche weisen keine Besonderheit auf. Der Beklagte kann allenfalls die seitens des regressierenden Mitschuldners dem Kreditgeber gegenüber unterlassene Einwendung der Übermäßigkeit nun ihm gegenüber einwenden.[124]

3. Auch bei Anwendung des Art. II der Exekutionsnovelle 1933 sind die zu 2. angestellten Erwägungen für das Verhältnis zwischen dem Gläubiger und den Schuldnern sowie den Schuldnern untereinander maßgebend. Dem nur persönlich haftenden Mitschuldner steht das Recht zu, Exekutionseinschränkung nach Art. II, § 1, zu verlangen, da § 1, Abs. 2, ganz allgemein von einer „Exekution anders als durch Zwangsversteigerung" spricht. Er hat auch gegebenenfalls das Antragsrecht nach Art. II, § 3, Abs. 2 (vgl. Anm. 82). Sonst müßte der Liegenschaftseigentümer bei Rückgriff des Personalmitschuldners verhältnismäßig den höheren Zins zahlen.[125]

Bei Zwangshypotheken sind m. E. die Bestimmungen der Exekutionsnovelle 1933 überhaupt nicht anwendbar (siehe Abschnitt III,

A 1). Bejaht man aber diese Frage, so müssen auch dem nur persönlich haftenden Mitschuldner die Rechte auf Zinseinschränkung zuerkannt werden.

Beim Rückgriff ist allerdings zu berücksichtigen, daß unter Umständen das Zahlen eines höheren Zinses für die Schuldner finanziell vorteilhafter ist als die Einschränkung der Zinsenexekution (vgl. Abschnitt III bei Anm. 91).

Die Vorschriften über die Kündigungsbeschränkung wirkten während ihrer Geltungsdauer aus den obigen Erwägungen zugunsten aller Mitschuldner.

4. Bei der Fremdenbeherbergungsverordnung ist zu prüfen, inwieweit die in § 11 geregelte Stundung der Investitionsforderungen sich auf die Mitschuldner aus einem Gesamtschuldverhältnisse auswirkt. Die Fassung des § 11, Abs. 1, welche die Stundung nur „nach den Bestimmungen der Absätze 2 bis 5" gewährt, schließt eine ausdehnende Auslegung aus. Man muß daher annehmen, daß den Mitschuldnern diese Stundung nicht zukommt.[126]

Für den Rückgriff gegen den Mitschuldner, der unter Geschäftsaufsicht steht, ist die Vorschrift des § 896 ABGB. von Bedeutung. Danach findet der Rückgriff „auch ohne geschehene Rechtsabtretung" statt. Es ist daraus die Folgerung zu ziehen, daß der Mitschuldner aus der Tatsache der Zahlung allein regreßberechtigt ist, ein eigenes, auf dem Innenverhältnis der Gesamtschuldner beruhendes Recht ausübt.[127] Die in § 11 der Vdg. gewährte Stundung würde daher mangels ausdrücklicher gesetzlicher Regelung dem Rückgriffe nicht entgegenstehen. Der zahlende Mitschuldner könnte nicht nur klagen, sondern auch Exekution führen. Dieses Ergebnis wäre unbefriedigend, da es dem beabsichtigten Schuldnerschutz widerspräche. Eine gewisse Erleichterung würde die in § 13 der Vdg. vorgesehene Exekutionsaufschiebung schaffen. Die exekutive Geltendmachung des Rückgriffes ist aber während der Geschäftsaufsicht m. E. unzulässig. Wenn auch der Mitschuldner auf Grund eines eigenen und nicht eines vom Gläubiger abgeleiteten Rechtes Rückgriff nimmt, so macht er doch nur eine Investitionsforderung geltend.[128]

5. Bei der Bergbauernverordnung sind dieselben Erwägungen wie zu 4. maßgebend. Übrigens könnte schon der Ausdruck „wenn die Hauptforderung nach dem Geltungsbeginn dieser Verordnung entstanden ist" (§ 12, Abs. 7) dahin ausgelegt werden, daß Rückgriffsansprüche ausgeschlossen werden sollten (vgl. aber Torggler 71).

B. Bei Entscheidung der Fragen, welche sich ergeben, wenn eine Bürgschaft vorliegt, ist vor allem zu berücksichtigen, daß es sich hier um ein von der Hauptschuld abhängiges Verhältnis handelt (Ehrenzweig II/1, 107, 110ff., Krasnopolski 234ff., Ohmeyer im Kommentar zum ABGB. IV, 217ff.), so daß der Umfang der Bürgschaftsschuld durch die Hauptschuld ihre Grenze findet (Ehrenzweig 112, Krasnopolski 236, Wolff 121, Ohmeyer 219).[129]

1. Bei Anwendung der Goldverordnungen sind zwei Fälle zu unterscheiden:

a) Der Bürge ist nicht Liegenschaftseigentümer, wohl aber der Hauptschuldner. Die Haftung des Bürgen ist dann durch den Umfang der Haftung des Hauptschuldners begrenzt; haftet (wie oben zu A 1 ausgeführt) der Hauptschuldner bei einer Vertragshypothek nur zum Nennwerte (Nationalbankkurs), so haftet auch der Bürge nur mit diesem Betrage[130] und kann in dieser Höhe Rückgriff nehmen.

b) Ist der Bürge und nicht der Hauptschuldner Liegenschaftseigentümer, so kann allenfalls, wenn der betreffende Stichtag für Hypothekarforderungen noch nicht verlautbart wurde, die Haftung des Bürgen mit der Liegenschaft im Range der von ihm bestellten Hypothek (vgl. Abschnitt I zu C) geringer sein als jene des Hauptschuldners. Es steht dem Gläubiger frei, sich mit dem Mehrbetrag an den Hauptschuldner und das übrige Vermögen des Bürgen zu halten und für diesen Mehrbetrag im laufenden Range auf die Pfandliegenschaft Exekution zu führen.

2. Die durch die Ausbeutungsverordnung dem Kreditnehmer eingeräumten Rechte stehen zwangsläufig auch dem Bürgen zu (vgl. Anm. 130). Auch wenn nur der Bürge und nicht der Hauptschuldner mit einer Liegenschaft haftet, so handelt es sich um einen Kredit gegen Sicherstellung auf Liegenschaften.

3. Für den Wirkungskreis der Exekutionsnovelle 1933 gelten die zu A 3 entwickelten Regeln.

4. Bei der Fremdenbeherbergungsverordnung muß die Frage näher geprüft werden, inwiefern die Stundungsvorschriften auch für den Bürgen gelten. In § 11 ist jedenfalls nur auf den Hauptschuldner Bedacht genommen. Es dürfte auch nicht die Absicht bestanden haben, das den Fremdenbeherbergungsbetrieben gewährte Moratorium auf weitere Personenkreise auszudehnen (vgl. Hermann, Anm. 21, Fürth 54, welche die Stundungsvorschriften auf Bürgen nicht anwenden wollen). Eine ausdrückliche Regelung fehlt aber und hätte daher eigentlich der allgemeine Grundsatz, daß die dem Hauptschuldner gewährte Stundung auch dem Bürgen zugute kommt, zu gelten.[131] Die Investitionsforderung könnte infolgedessen zwar gegenüber dem Bürgen eingeklagt, nicht aber zwangsweise vollstreckt werden. Dagegen muß geltend gemacht werden, daß § 11 nur die Exekutionsführung auf das Vermögen des unter Geschäftsaufsicht stehenden Hauptschuldners unzulässig macht (Abschnitt IV zu 1 a) und nicht auf den Bürgen ausgedehnt werden darf. Es hat weiters auch hier die in der Rechtslehre an der Hand der Bestimmung des § 1354 ABGB. entwickelte Regel zu gelten, daß Haftungsbeschränkungen, die das Vermögen des Hauptschuldners dem Gläubigerzugriffe entziehen, dem Bürgen nicht zugute kommen, da es sich nicht um materiellrechtliche Einwendungen handelt (Ehrenzweig 111, Ohmeyer 225, die Begründung der V. vom 5. September 1934, GZ. XVI/162). Die V. vom

20. März 1935 (siehe Anm. 126) lehnt daher mit Recht die Anwendung des § 11 der Vdg. auf den Bürgen ab.

Schließt man sich dieser Auffassung an, so ist der Rückgriffsanspruch des Bürgen gegen den Hauptschuldner während der Dauer der Geschäftsaufsicht nicht durchsetzbar, da ihm gemäß § 1358 ABGB. kein eigenes, sondern nur ein abgeleitetes Recht zusteht (vgl. Ohmeyer 226).[132]

5. Für Rechtsverhältnisse, die den Bestimmungen der Bergbauernverordnung unterstehen, ist die Sachlage gleich wie bei der Fremdenbeherbergungsverordnung, außer daß gegen den Bürgen auch keine Klageführung zulässig wäre, wenn man die Vorschriften der Vdg. auf ihn anwenden wollte.

C. Für die Behandlung der reinen Sachhaftung, also jener Fälle, in denen der Liegenschaftseigentümer neben einem persönlichen Schuldner nur mit dem Pfandobjekte haftet (sie dürften selten vorkommen, vgl. Ohmeyer 232, Anm. 7), ist der Umstand entscheidend, ob die Vorschriften für die Gesamtschuld oder die Bürgschaft anzuwenden sind. Das letztere trifft m. E. zu, da § 1358 ABGB. in der Fassung der dritten Teilnovelle (allerdings nur für den Rückgriffsanspruch) diese beiden Gruppen zusammenfaßt.[133]

1. Der Liegenschaftseigentümer haftet bei Anwendung der Goldverordnungen nur im Rahmen der für Hypothekarforderungen jeweils geltenden Vorschriften (ebenso Klang, JBl. 1933, 180) und hat in dieser Höhe seinen Rückgriffsanspruch gegen den Personalschuldner.

2. Die Vorschriften der Ausbeutungsverordnung sind aus den zu B 2 angestellten Erwägungen zugunsten des Liegenschaftseigentümers (und der anderen Mitverpflichteten) anzuwenden.

3. Die Bestimmungen der Exekutionsnovelle 1933 gelten aus dem gleichen Grunde sowohl für den Liegenschaftseigentümer als auch für die persönlichen Schuldner.

4. Auf Grund der Ausführungen zu B 4 ist anzunehmen, daß die Eröffnung der Geschäftsaufsicht über den Betrieb des Hauptschuldners die Exekutionsführung gegen den Liegenschaftseigentümer nicht hindert und diesem während der Geschäftsaufsicht ein vollstreckbarer Rückgriffsanspruch nicht zusteht.

5. Die Vorschriften der Bergbauernverordnung finden desgleichen auf den mithaftenden Liegenschaftseigentümer keine Anwendung, außer wenn er selbst im Hilfsverfahren ist.

VII. Verhältnis zum Auslandsrechte.

Ausländisches Recht kommt, wie schon bemerkt (siehe im Texte bei Anm. 15 und 16), für Hypothekarforderungen nur selten in Betracht. Die Frage seiner Anwendbarkeit hat z. B. in keinem der in Anm. 14 erwähnten Rechtsstreite eine Rolle gespielt. Es ergeben sich aber immerhin Fälle, in denen ausländisches Recht mit österreichischem Hypothekenrechte und den Notverordnungen zusammentrifft. Die Frage, inwieweit dann die Notverordnungen anzuwenden sind, muß daher überprüft werden.

1. Die Goldverordnungen bezwecken zwar eine Erleichterung der Zahlungspflichten für den inländischen Schuldner, lassen aber, wie besonders die Behandlung der Effektivschulden zeigt, grundsätzlich Gold- und Valutawertklauseln bestehen. Von ihren Vorschriften abweichende Vereinbarungen sind zulässig (Loeb-Komorzynski 27, Lenhoff 120f., Löbl 76f.), sie enthalten kein zwingendes Recht (vgl. E. vom 31. Oktober 1934, RZ. 1935, 32). Ihre Bestimmungen können daher nicht auf Grund der Vorbehaltsklausel (vgl. über diese Walker, Intern. Privatrecht, 280—322, Nußbaum, Intern. Privatrecht, 59—72) bei Rechtsverhältnissen angewendet werden, die ausländischem Rechte unterstehen (Loeb-Komorzynski 26f., Hajek-Grimeisen 8f., Lenhoff 119, Löbl 71f.). Denn man kann angesichts dieser Sachlage nicht behaupten, daß ein ausländisches Recht gegen die öffentliche Ordnung Österreichs verstößt (§ 81, Zl. 4 EO.), wenn es nichteffektive Verbindlichkeiten mit Wertklausel vollwertig erfüllen läßt. Der österreichische Richter hat derartige Bestimmungen des Auslandsrechtes anzuwenden und darf in solchen Fällen ausländischen Urteilen die Exekutionsbewilligung nicht versagen.

Eine Ausnahme ist im Meistbotsverteilungsverfahren bei Zwangsversteigerungen und (aus den in Anm. 21 entwickelten Gründen) bei Zwangsverwaltungen von Liegenschaften zu machen, da für Umfang und Inhalt des Pfandrechtes nach den Kollisionsnormen des internationalen Privatrechtes österreichisches Recht gilt (vgl. Anm. 16). Die Goldverordnungen sind daher bei Zuweisungen aus dem Meistbote anzuwenden (vgl. E. vom 27. September 1933, SZ. XV/195, vom 5. November 1935, RZ. 1936, 95).[134]

2. Die Bestimmungen der Ausbeutungsverordnung sind m. E. seitens der österreichischen Gerichte auch gegenüber ausländischem Rechte unterstehenden Forderungen anzuwenden, wenn es der Schuldner verlangt. Denn auf Grund der Fassung des § 5 ist anzunehmen, daß es sich hier um zwingende Vorschriften handelt, die aus Gründen der öffentlichen Ordnung erlassen wurden. Die Feststellung, daß ein Entgelt übermäßig sei, wird allerdings auf Schwierigkeiten stoßen, wenn der Erfüllungsort außerhalb Österreichs liegt.[135]

3. Die Zinsenbeschränkungen der Exekutionsnovelle 1933 (und die Bestimmungen des Gesetzes vom 2. August 1932) werden als Verfahrensvorschriften erst bei der Zwangsvollstreckung wirksam. Sie sind auch gegenüber Forderungen, die ausländischem Rechte unterliegen, anzuwenden, wenn es der Schuldner begehrt.[136] Nimmt man an, daß hier zwingende, unverzichtbare Rechtsvorschriften vorliegen (vgl. Abschnitt III a. E.), so ergibt sich ihre Anwendung überdies aus der Vorbehaltsklausel.

4. Die Fremdenbeherbergungsverordnung enthält in § 11 zwingende Bestimmungen, die auf Grund der Vorbehaltsklausel auch an-

zuwenden sind, wenn sonst ausländisches Recht gilt. Ist die betreffende Investitionsforderung hypothekarisch sichergestellt, so untersteht sie, was die Geltendmachung des Pfandrechtes anlangt, ohnehin österreichischem Rechte, also auch der Fremdenbeherbergungsverordnung.

5. Die Anwendbarkeit der Bergbauernverordnung (§ 12) ergibt sich aus den zu 4. angestellten Erwägungen.

VIII. Allgemeines.

Es ist nicht Zweck dieser Arbeit, sich auch mit den wirtschaftlichen Folgen der Notverordnungen auf dem Gebiete des Hypothekenwesens zu beschäftigen. Sie zeigten sich in erster Linie in einer starken Einschränkung des Hypothekarkredits, wogegen die beabsichtigte Zinssenkung sich erst jetzt auszuwirken beginnt.

In rechtlicher Beziehung ist für alle Notverordnungen ein weitreichender Schuldnerschutz, eine starke Einschränkung der Gläubigerrechte charakteristisch, wenn auch diese Vorschriften keineswegs so weit gehen wie z. B. in Deutschland die Maßnahmen auf dem Gebiete der Zwangsvollstreckung seit der Verordnung vom 8. Dezember 1931 (RGBl. I, S. 699) oder das Reichserbhofgesetz. Bei den beiden zuletzt behandelten Verordnungen (Fremdenbeherbergungs- und Bergbauernverordnung) handelt es sich im wesentlichen um Moratoriumsbestimmungen vorübergehender Natur, die anderen Notverordnungen sind (wenn auch in verschiedenem Ausmaße) auf Dauerwirkung eingestellt. Die Verpflichtungen aus wertbeständigen Geldforderungen sollen durch die Goldverordnungen den derzeitigen wirtschaftlichen Verhältnissen angepaßt werden, erst allmählich soll eine Erfüllung zum vollen Werte stattfinden.[137] Die Ausbeutungsverordnung will dauernd objektiv übermäßige Zinssätze bekämpfen, die Exekutionsnovelle 1933 — neben vorübergehenden Maßnahmen (Verlängerung der Aufschiebungsbestimmungen, zeitweise Unkündbarkeit mündelsicherer Hypothekardarlehen) — dauernd Zinsfußvereinbarungen, die ein bestimmtes Ausmaß überschreiten, praktisch unwirksam machen. Inwieweit diese Vorschriften tatsächlich Erfolg haben, wird weniger von ihnen und ihrer Anwendung als von der Gestaltung der allgemeinen wirtschaftlichen Verhältnisse abhängen.

Für das Gebiet des Hypothekenrechtes ist die Frage von Bedeutung, wie weit sich die sogenannte Kautelarjurisprudenz in der Urkundenverfassung den Vorschriften der Notverordnungen anpassen und durch neue Urkundenformulierungen die Gläubigerbelange schützen kann. Die Fremdenbeherbergungs- und die Bergbauernverordnung beziehen sich nur auf bisher entstandene Forderungen und lassen als vorübergehende Moratoriumsbestimmungen eine Anpassung der Schuld- und Pfandurkunden an ihre Vorschriften nicht zu. Bei der Exekutionsnovelle 1933 handelt es sich (wie schon oben zu Abschnitt III a. E. besprochen) darum, inwieweit ihre Vorschriften auf neue Darlehen anwendbar oder abdingbar sind. Die Schuld- und Pfandurkunden der nächsten Zukunft werden jedenfalls eine Verzichtklausel auf die dem Schuldner durch die Exekutionsnovelle (und das Gesetz vom 2. August 1932) eingeräumten Antragsrechte enthalten. § 5 der Ausbeutungsverordnung macht es unmöglich, ihre Vorschriften vertraglich auszuschließen. Die Goldverordnungen üben zweifelsohne die bedeutendste Wirkung auf die Urkundenverfassung aus. Eine Reihe von Anregungen wurde bereits gemacht.[138] Die Darlehen werden mit Rücksicht auf die „Goldwährungsdämmerung" (Loeb-Komorzynski 86f.) der Fremdwährungen in der Mehrzahl der Fälle auf Goldschillinge abgestellt. Daneben werden Alternativwährungs- und allgemeine Wertklauseln zugunsten des Darlehensgebers vereinbart[139] und durch entsprechend hohe Nebengebührenkautionen wirksam gemacht.[140] Man darf allerdings sich nach den bisherigen Erfahrungen in allen von einem Währungssturze betroffenen Ländern keinen Zweifeln hingeben, daß diese Maßnahmen bei einem Währungsverfalle keinen Schutz gegen gesetzgeberische Eingriffe gewähren.[141]

Anmerkungen.

[1] Die Auslandschulden Österreichs für Warenlieferungen wurden zur Zeit der Erlassung der Goldverordnungen auf 100 bis 150 Millionen Schilling geschätzt (Privatclearing und Auslandverschuldung, Neue Freie Presse, 24.590 vom 26. Februar 1933, 16), die hypothekarische Verschuldung der Bergbauern allein betrug etwas später rund 213 Millionen Schilling (Torggler, NotZ. 1934, 72).

[2] Vgl. hierüber Exner, Das österreichische Hypothekenrecht, 40f., 217f., Landauer, Grundlagen und Systematik des neueren österreichischen Hypothekenrechtes, 1, Pfersche, Grundriß des Sachenrechtes, 72f.

[3] Exner 34f., 39, Klang, im Kommentar zum ABGB., I/2, 240.

[4] In der Mehrzahl der Fälle sind es Darlehen, vgl. Schell, Die Verordnung gegen die Ausbeutung Kreditsuchender, JBl. 1933, 202.

[5] Nachtragsverordnungen vom 26. April 1933, BGBl. 149 und 150, Gesetz vom 6. Februar 1934, BGBl. I, 71, vom 21. Dezember 1934, BGBl. II, 469, Bundesgesetz BGBl. 91/35. Eine ausführliche Darstellung mit Wiedergabe der Gesetzestexte bieten Loeb-Komorzynski, Die Regelung der Fremdwährungs- und Goldschuldenverhältnisse. Weiters sind zu erwähnen die Ausgaben mit Anmerkungen der GKV. von Janda in „Das neue österreichische Recht", IV, e 2, der GSchEV. von Hofer und der Vdg. vom 26. April 1933, BGBl. 150 von Güttl, ebendort, IV, e 19, Hajek-Grimeisen, Die Goldklauselverordnung, Kläger, Die praktischen Wirkungen der Goldklausel- und Goldschuldenerleichterungsverordnungen, Swoboda im Kommentar zum ABGB., II/2, 747—749, die Aufsätze von Klang, Die Goldschuldennotverordnungen, JBl. 1933, 177—181, Schell, Die Erfüllung von Fremdwährungs- und Goldschillingverpflichtungen, RZ. 1933, 84—88, Spurny, Leitsätze der Goldklauselverordnung, NotZ. 1933, 93—94, Ettinger, Zur Neuregelung der Gold- und Valutaschulden, a. a. O., 94—95, Bruck, Goldklausel- und Goldschuldenerleichterungsverordnung, a. a. O., 95—96, Lenhoff, Der gegenwärtige Stand des Goldschuldenproblems, a. a. O., 117—123, Prager, Valuten- und Goldschulden, AnwZ. 1933, 127—129, Oppenheim, Über die Erfüllung von Fremdwährungs- und Goldverpflichtungen nach österreichischem Recht, Mitteil. 1933, 63—70, Löbl, Die Erfüllung von Valuta- und Goldschulden, a. a. O., 70—79, Dubrowitsch, Zur Goldklausel und Devisenverordnung, a. a. O., 121—126, Kerschagl, Die Regelung der Valutaschulden und Goldschulden in Österreich, Polen und Ungarn, a. a. O., 1934, 336 bis 340, Ratzenhofer, ZAuslR. 1934, 464—466. Diese Arbeiten werden im folgenden nur mit dem Verfassernamen angeführt.

[6] Rspr. 1933, E. 19—23, 51, SZ. XV/20 (abgedruckt bei Loeb-Komorzynski 143ff.). Nach ihnen ist die Erfüllung von Geldschulden in Auslandwährung mit Rücksicht auf die Devisenverordnung vorübergehend unmöglich. Der Gläubiger kann gemäß § 989 ABGB. Zahlung in Schilling zum tatsächlichen (innern) Werte der Auslandwährung verlangen, und zwar auch bei Effektivforderungen. Gleiches gilt bei Goldschulden in Schillingwährung, doch spricht sich der OGH. über die Frage, ob Goldmünzschulden derzeit unerfüllbar

sind, nicht aus (vgl. Wahle, Rspr. 1933, 25 ff., Loeb-Komorzynski, 22, Klärmann, Die Entscheidungen des Obersten Gerichtshofes über Fremdwährungsschulden, AnwZ. 1933, 81 f.).

[7] Vgl. hierzu Loeb-Komorzynski 23 f., Ratzenhofer 464.

[8] Loeb-Komorzynski 32 ff., Janda, Anm. 2, Hajek-Grimeisen 8 ff., 27, Kläger 9 f., Klang 177, Schell 85, Spurny 94, Ettinger 94, Lenhoff 117 f., Prager 127, Oppenheim 69 f., Löbl 71 f. Eine Reihe von Auslegungsregeln gibt der Durchführungserlaß des FM. vom 24. Mai 1933, BdgBl. 95 (abgedruckt bei Loeb-Komorzynski 124 ff.). Die Auffassung von Loeb-Komorzynski (38), daß Urteile eine Effektivverpflichtung begründen, ist m. E. nur für Urteile haltbar, die im Staate der betreffenden Fremdwährung gefällt wurden (vgl. Anm. 44), auch dagegen hat sich der OGH. in der E. vom 4. Jänner 1934, Rspr. 1934/1, JBl. 1934, 191, NotZ. 1934, 248 (vgl. hierzu die Bemerkungen von Schimetschek, Rspr. 1934, 2), ausgesprochen. Zur Auslegung, ob eine Effektivklausel vorliegt, vgl. auch die E. vom 14. November 1934, Rspr. 1934/381, NotZ. 1935, 62, vom 9. April 1935, Rspr. 1935/123, RZ. 1935, 115, und vom 5. Februar 1935, Rspr. 1935/170. Die Auffassung Paschings (Rspr. 1935, 102), daß für die Frage der Effektivverpflichtung entscheidend sei, ob die Parteien tatsächlich eine Effektiverfüllung beabsichtigt hätten, ist richtig, aber meistens praktisch wertlos, da der Parteienwille im Einzelfalle kaum erweisbar ist. Siehe auch Lenhoff-Pisko, II, 378 ff. Dieser, II, 382 f., und vorher Pisko, Handelsgesetze als Quelle des bürgerlichen Rechtes, 52, sind mit gewichtigen Gründen für die Auslegung des Art. 336 HGB. im Sinne eines Schuldnerwahlrechtes. Ich verwende trotzdem den eingebürgerten Ausdruck „Ersetzungsbefugnis" (vgl. im Text nach Anm. 48).

Der von der GKV. verwendete Begriff der Nichteffektivschuld ist bei Verbindlichkeiten in Auslandwährung enger, als es sonst im österreichischen Rechte der Fall ist. Denn dieses beschränkt (im Gegensatze zu § 244 DBGB.) die Ersetzungsbefugnis nicht auf Inlandzahlungen (Wahle, Gutachten zum VI. deutschen Juristentag in der Tschechoslowakei, 208, Beiträge zum Devisenrecht, 23, 25 f.), so daß also z. B. eine in Deutschland zahlbare, nichteffektive Schweizer-Franken-Schuld in Mark getilgt werden kann. Eine derartige Forderung unterliegt aber nicht den Umrechnungsvorschriften der GKV., da sie nicht in Schillingen erfüllbar ist (vgl. Lenhoff 119).

Über die Zahlung nichteffektiver Goldschulden zum Nennwerte vgl. die E. vom 27. September 1933, SZ. XV/195, vom 7. März 1934, Rspr. 1934/102, vom 31. Mai 1935, RZ. 1935, 161, über die Erfüllung nichteffektiver Fremdwährungsforderungen vgl. die E. vom 9. April 1935, AnwZ. 1935, 299.

[9] Loeb-Komorzynski 44, Kläger 13 ff., Klang 177, 178, Schell 84, Spurny 94, Lenhoff 117 f., Prager 128, Oppenheim 69 f., Löbl 78, Schludermann, NotZ. 1934, 30 f., Braunfeld, NotZ. 1935, 69. Hierbei vertreten Oppenheim und Löbl die Auffassung, daß auf Grund der vom OGH. anerkannten Unmöglichkeit, effektive Fremdwährung zu leisten, eine allgemeine Ersetzungsbefugnis besteht, die aber m. E. — wie Lenhoff mit Recht bemerkt — vom Verlangen des Gläubigers abhängig ist (E. vom 5. Februar 1935, Rspr. 1935/170, vgl. Löbl, Rspr. 1932, 127).

[10] Lenhoff 118, Anm. 6, hat allerdings der Befürchtung Ausdruck gegeben, man könne bei wörtlicher Auslegung der GKV. zu diesem Ergebnisse gelangen. Die in Anm. 14 a. E. angeführten Entscheidungen und die E. vom 6. März 1934, Rspr. 1934/103, neigen der im Texte abgelehnten Auffassung zu.

[11] Alternativverpflichtungen, bei denen der Gläubiger das Wahlrecht hat, sind Effektivverbindlichkeiten (Ettinger 94, Lenhoff 118), anders, wenn

(wie im Zweifelsfalle gemäß § 905 ABGB.) dem Schuldner das Wahlrecht zusteht (Lenhoff, a. a. O., E. vom 27. September 1933, SZ. XV/195). Über alternative Währungsklauseln vgl. im Text bei Anm. 36, über die Behandlung der Goldmünzklausel bei Meistbotsverteilungen vgl. im Text bei Anm. 48.

[12] Klärmann, JBl. 1932, 57, Demelius, JBl. 1932, 78, verneinen die Ersetzungsbefugnis ohne nähere Begründung, Lenhoff 119, Prager 127, Löbl 71, verweisen ausdrücklich darauf, daß Art. 336 HGB. und Art. 41 EWG. (37 WO.) in diesen Fällen nicht die Möglichkeit geben, in österreichischer Währung zu zahlen (siehe Anm. 8 a. E.). Wahle, Rspr. 1934, 63, und die E. vom 6. März 1934, Rspr. 1934/103, bezeichnen Fremdwährungsverpflichtungen, die im Staate der betreffenden Währung zu erfüllen sind, als Effektivverbindlichkeiten. Nach dem Durchführungserlaß des FM. vom 24. Mai 1933 (Anm. 8) läßt bei Valutaverpflichtungen ein ausländischer Erfüllungsort darauf schließen, daß die Parteien Effektivzahlung vereinbaren wollten.

[13] Wahle, Rspr. 1933, 107, 1934, 44 und 63, Hajek-Grimeisen 8, Schell 85, Prager 128, Löbl 71, Ratzenhofer 466. Fremdwährungszahlungen im Auslande, für die österreichisches Recht gilt und bei denen dem Schuldner die Ersetzungsbefugnis vertraglich eingeräumt wurde, sind, wie Lenhoff (119) mit Recht bemerkt, ausgenommen und unterstehen der GKV.

[14] Der erste und zweite Senat des OGH. hatte in drei Entscheidungen vom 1. Februar 1933 (Rspr. 1933/21, NotZ. 1933, 89 f., ZBl. 1933/116) für den Fall der Erfüllungsunmöglichkeit derartiger Forderungen ausgesprochen, daß sie nach dem tatsächlichen Werte des Schillings am Erfüllungsorte zu zahlen seien, wobei die beiden letzten Entscheidungen Hypothekarforderungen betreffen. An diesem Standpunkte hielten der erste und vierte Senat auch nach der GKV. fest (E. vom 14. Februar 1934, Rspr. 1934/60, vom 6. März 1934, Rspr. 1934/103, JBl. 1934, 323). Der dritte Senat hatte schon in der E. vom 16. Februar 1933, SZ. XV/39 (anders noch die Entscheidung dieses Senates vom 3. Februar 1933, SZ. XV/26), Gewicht auf den tatsächlichen Zahlungsort (in Österreich) gelegt und sprach nach der GKV. für diese Forderungen, wenn der Gläubiger Zahlung in Schilling anzunehmen bereit war (E. vom 25. April 1933, Rspr. 1933/150, vom 1. August 1933, Rspr. 1933/253) oder ihm im Meistbotsverteilungsverfahren Schillinge zugewiesen wurden (E. vom 25. April 1933, Rspr. 1933/149), nur den Nationalbankkurs zu (dagegen Wahle, Rspr. 1933, 106 f., Schimetschek, Rspr. 1933, 165 f.). Er schloß sich jedoch in der E. vom 9. Jänner 1935, AnwZ. 1935, 116, dem Standpunkte der anderen Senate an.

[15] Walker im Kommentar zum ABGB., I, 316 ff. und die dort angeführte Lehre und Rechtsprechung.

[16] Walker I, 315, derselbe, Internationales Privatrecht, 350, Ehrenzweig I/1, 98, Loeb, JBl. 1934, 30. Die E. vom 5. November 1935, RZ. 1936, 95, unterstellt ebenfalls unter ausdrücklicher Berufung auf die Rechtslehre Inhalt und Umfang eines bücherlichen Rechtes (bei Vorliegen einer Fremdwährungshypothek) im Meistbotsverteilungsverfahren dem österreichischen Rechte. Über den Zusammenhang zwischen Pfandrecht und Pfandforderung vgl. Pollak, Zivilprozeßrecht, 926 und die dort Angeführten.

[17] Die Frage ist mit Rücksicht auf die Sondervorschriften für Goldwerthypotheken und die unter B und C behandelten Fälle von Bedeutung. Auch bei bereits eingetragenen Forderungen kann m. E. der Gläubiger durch Pfandfreigabe seiner Forderung den Charakter einer Hypothekarforderung nehmen (anders Braunfeld, a. a. O., 206), doch läßt sich dagegen einwenden, daß der Stand bei Inkrafttreten der GKV. entscheidet.

[18] Durch diese Lösung würden übrigens neue Fragen aufgerollt werden, z. B.

wie hypothekarisch sichergestellte Kaufschillinge aus Liegenschaftsverkäufen zu behandeln sind (vgl. hierzu Abschnitt VI, A 1).

[19] Das Gesetz vom 17. März 1926, BGBl. 66, welches die Erfüllung der in alten österreichisch-ungarischen Kronen entstandenen Privatforderungen gegenüber Neuitalien regelte, sprach nur von der Zahlung der Forderung. Der OGH. hat trotzdem in der (unveröffentlichten) E. vom 4. November 1927, Ob II 899/27, ausgesprochen, daß das Gesetz bei Hypothekarschulden zwischen der persönlichen und der Haftung mit der Pfandsache nicht unterscheide und dies auch für Meistbotsverteilungen gelte. Analog angewendet, wäre auch nach der GKV. kein Unterschied zwischen Pfand- und persönlicher Forderung zu machen.

[20] In einem späteren Aufsatze (Goldhypotheken in Fremdwährung, NotZ. 1934, 30—34) unterscheidet er (32) zwischen Pfandrecht, Pfandforderung und Personalforderung und weist nach, daß durch die Goldverordnungen die Pfandforderung unter Umständen weder das Ausmaß des Pfandrechtes noch das der persönlichen Forderung erreicht.

[21] Der Fall, daß für eine Forderung Zwangsversteigerung oder Zwangsverwaltung bewilligt wurde und sie daher gemäß § 216, Zl. 4, und § 218, Abs. 3 EO. im betreffenden Range zu berücksichtigen ist, muß m. E. mit Rücksicht auf § 208 EO. so behandelt werden wie ein Zwangspfandrecht.

[22] Nach dem 25. März 1933 entstandene Verpflichtungen auf Schilling Gold oder Fremdwährung unterliegen der GKV. nicht, sind also mangels anderer gesetzlicher oder vertraglicher Bestimmungen wie Effektivverpflichtungen zu behandeln (GKV., Art. 1, § 3, Abs. 4 in der novellierten Fassung, Loeb-Komorzynski 40, Klang 178, Anm. 9a, Lenhoff 122, Löbl 74, vor der Novelle schwankend Schell 86, Spurny 94, Ettinger 95).

[23]) Kronenhypotheken sind nach dem Schillingrechnungsgesetz vom 20. Dezember 1924, BGBl. 461, als Schillinghypotheken zu behandeln (Loeb-Komorzynski 15 f., 37, Janda, Anm. 4 zur GKV., Loeb, Kronenverbindlichkeiten mit Goldklausel, AnwZ. 1934, 185—188, Hoffer, Findet die Goldklauselverordnung auch auf nicht effektive Goldkronenschulden Anwendung? RZ. 1936, 49—51, und die E. vom 8. Oktober 1935, RZ. 1935, 233, welche Verbindlichkeiten auf Kronen mit Goldwertklausel der GKV. unterstellen), abweichend Weiß, Über die Auswirkung der Goldklauselverordnungen auf Goldkronenverpflichtungen, AnwZ. 1934, 124, nach welchem sie unter allen Umständen in Schilling zum Umrechnungsschlüssel des Schillingrechnungsgesetzes ohne Aufgeld zu entrichten sind. Auch bei der Prolongation alter Hypothekarforderungen können natürlich von der GKV. abweichende Vereinbarungen getroffen werden, da sie kein zwingendes Recht enthält (vgl. Engländer, Prolongation von Goldhypotheken, AnwZ. 1933, 258 f.).

[24] Früher fällig gewordene Zahlungen in Schilling Gold sind auch nach dem Stichtage nur zum Nennwerte zu erfüllen (§ 5 GSchEV.), bis zum Stichtage nicht erfüllte Fälligkeiten auf Auslandwährung jedoch zum Privatclearingkurs (§ 5, Abs. 1 der Vdg. vom 26. April 1933, BGBl. 150). Unrichtig Loeb-Komorzynski 43, Hajek-Grimeisen 18, nach denen alle bis zum Stichtage nicht erfüllten Verbindlichkeiten später zum Gold- (Privatclearing-) Kurs zu leisten sind.

[25] Diese Regelung gilt bei Fremdwährungsfundierungsforderungen gemäß § 1, Abs. 2 der Vdg. vom 26. April 1933, BGBl. 150, nur bis zu einem vom Finanzministerium zu bestimmenden Stichtage. Von dort an besteht die Verpflichtung zur Effektivzahlung (Güttl, Anm. 2).

[26] Loeb-Komorzynski 43, Hajek-Grimeisen 18 f., Kläger 29, Swoboda 748, Klang 179, 180, Schell 87, Lenhoff 122, Prager 129, Oppenheim 68, Löbl 76. Die Möglichkeit der außerordentlichen Tilgung

verschaffte (allerdings nur den zahlungskräftigen Schuldnern) in der ersten Zeit nach Inkrafttreten der GSchEV. ganz bedeutende Kursgewinne (Bloch, Goldklausel und Hypotheken, Neue Freie Presse vom 2. April 1933, Nr. 24.625, 30, Kralik, Goldklausel und Anlagemarkt, a. a. O., vom 16. April 1933, Nr. 24.639, 26, Schludermann, JBl. 1933, 314). Jetzt hat der Kurs einer Reihe von Pfandbriefen den Nennwert erreicht.

[27] Zum Begriffe der Goldwert- und Goldmünzklausel siehe Nußbaum, Das Geld, 80 ff., 167 ff., Vertraglicher Schutz gegen Schwankungen des Geldwertes, 30 ff., 38 f., Ulrich, Die Goldklausel, 20 ff.

[28] Loeb-Komorzynski 45, 46, Hofer, Anm. 26, 27, Hajek-Grimeisen 14, 21, Kläger 24 f., 26, Klang 178, Schell 86, Spurny 93, Prager 128, Oppenheim 68, Löbl 75.

[29] Loeb-Komorzynski 46 ff., Hofer, Anm. 22, 23, 25, Hajek-Grimeisen 19 ff., Kläger 27 f., Klang 178, 180, Schell 86, Spurny 93, Ettinger 93 f., Bruck 94 f., Prager 129, Oppenheim 68, Löbl 72. Die Auffassung, daß diese Hypothekarforderungen vor dem Stichtage überhaupt nicht gekündet werden können, findet im Verordnungstexte keine Stütze, wird aber trotzdem von Loeb-Komorzynski 46, Hajek-Grimeisen 20, Lenhoff 122, vertreten. Richtig Hofer, Anm. 24, Prager 129, Oppenheim 68 f., Löbl 76, Schludermann, JBl. 1933, 317, Mattausch, Die Aufkündigungsbeschränkungen von Hypothekarforderungen, AnwZ. 1933, 374 f., und die E. vom 27. September 1933, SZ. XV/195, vom 31. März 1936, EvBl. III/384. Kläger (27) ist unklar.

Daß bis zum Stichtage auch Teilzahlungen des Schuldners vom Gläubiger angenommen werden müssen (Prager 129), ist unrichtig (Klang 178).

[30] Vgl. Ettinger 94, Lenhoff 118, Torggler, Rspr. 1935, 48, E. vom 15. Jänner 1935, Rspr. 1935/64. Nach der E. vom 8. Jänner 1935, Rspr. 1935/65, hat der Gläubiger keinen Anspruch auf den Goldkurs, wenn er in der Klage (wenn auch vor Erlassung der GKV.) Zahlung in Schilling Gold und nicht in Goldmünzen verlangte. Das ist im allgemeinen richtig, aber etwas formalistisch.

[31] Das ist für nichthypothezierte Forderungen die herrschende Lehre (Loeb-Komorzynski 40, Klang 177, Schell 86, Spurny 93, Lenhoff 118, schwankend Hajek-Grimeisen 10) und gilt mangels abweichender Regelung auch für Hypothekarforderungen.

[32] Es sind dies Schulden in Schillingwährung, deren Höhe vom Kurswert einer Auslandwährung abhängig ist (vgl. Nußbaum, Vertraglicher Schutz, 54, 55 f., Ulrich 6 f.). Die herrschende Lehre unterstellt sie mit Recht wie nichteffektive Fremdwährungsverpflichtungen den Vorschriften der GKV. (Loeb-Komorzynski 39, Löbl 72 f., Braunfeld, Einige Bemerkungen zur Auslegung der Goldverordnungen, JBl. 1933, 320, Schludermann, ZBl. 1935, 137), entgegengesetzt allerdings Schell 86, Lenhoff 118. Der OGH. hat in der E. vom 17. Oktober 1934, ZBl. 1935/50, eine Kronenhypothek, die zum Züricher Kurse unter Festlegung eines Umrechnungsschlüssels zurückgezahlt werden sollte, einer Hypothek auf nichteffektive Schweizer Franken gleichgestellt, also die Anwendung der GKV. auf unechte Valutaschulden bejaht. Im entgegengesetzten Sinne war die E. vom 30. Mai 1933 (siehe Anm. 36) ergangen. Lenhoff-Pisko, II, 377 f., faßt in Fremdwährung ausgedrückte Schulden, die im Inlande zahlbar sind, als Valutawertschulden auf, wenn die Absicht nur darauf gerichtet war, den Umfang der Zahlungssumme nach dem Kurse der Fremdwährung zu bestimmen. Er hält aber nunmehr die GKV. auf derartige Schulden anwendbar.

Loeb-Komorzynski (40) verweisen darauf, daß die Wertbeständigkeitsklauseln vielfach nur eine zusätzliche Sicherung des Gläubigers bezwecken, auf die er jederzeit verzichten könne. Bei dem dort angeführten Beispiele trifft dies zu. Braunfeld (Rechtsfragen der Pfund- und Dollarentwertung, NotZ. 1935, 65—69) will ebenfalls für unechte Valutaschulden dem Gläubiger bei Sinken der Auslandwährung den Nennbetrag der Heimwährung zusprechen, da der Sinn der Vereinbarung als Wertsicherungsklausel entscheide (68). Loeb hat diese Frage neuerlich in seinem Aufsatze „Wertsicherungsklauseln auf Fremdwährungsbasis und Entwertung der Vergleichswährung" (JBl. 1936, 206—209) behandelt. Er betont, daß der ausdrückliche Endzweck der Vereinbarung die Werterhaltung sei. Wenn sich die als Wertmaßstab gewählte Fremdwährung entwertet habe, so sei die Klausel entweder wie eine Goldklausel zu behandeln, oder mindestens anzunehmen, daß die Schuld mit der vollen bedungenen Schillingsumme erfüllt werden müsse, da die beigesetzte Wertsicherungsklausel ihre Anwendungsmöglichkeit verloren habe. Diese Auffassung hat vieles für sich, ist aber m. E. nur dann haltbar, wenn eine rein zusätzliche Wertsicherungsklausel vorliegt oder aus den Umständen hervorgeht, daß die Wertsicherung Vertragsbedingung war. In allen anderen Fällen muß der vom Gläubiger beabsichtigte Zweck hinter dem Vertragswortlaute zurücktreten. Er hätte sich durch die Vereinbarung, daß ein Mindestbetrag in Schilling bezahlt werden müsse, oder durch eine Goldwertklausel gegen ein Sinken der Auslandwährung schützen können (vgl. Schludermann, JBl. 1933, 313, ZBl. 1935, 137, Loeb, Wertsicherung von Hypothekardarlehen, Zentralblatt für Realitäten- und Hypothekenwesen, 1933, Nr. 33, 1—3, derselbe, Rspr. 1934, 209, Bruck, Die Papierklausel, NotZ. 1935, 111, Regenspursky, a. a. O., 130 f., für das deutsche Recht Wolff 15, 25 ff.). Tat er dies nicht, so hat er die Folgen zu tragen und darf man nicht auf die Motive einer Vertragspartei zurückgehen. Der Gläubiger verknüpft auch hier wie bei der echten Valutaschuld das Schicksal seiner Forderung mit dem der betreffenden Fremdwährung (vgl. Nußbaum, Vertraglicher Schutz, 56, und Anm. 35).

33 Ist die betreffende Fremdwährung selbst entwertet, so drängt sich die Frage auf, ob diese Entwertung bei der Zahlung zu berücksichtigen ist. Loeb (Schulden in entwerteter Fremdwährung, JBl. 1934, 25—31) liefert den Nachweis, daß die Verfasser unseres bürgerlichen Gesetzbuches die Nennwerttheorie grundsätzlich ablehnten (26 ff.) und folgert daraus, daß Fremdwährungsforderungen, wenn österreichisches Recht Anwendung findet, im Entwertungsfalle zum inneren Werte (Kaufkraft) erfüllt werden müssen (28 f.). Er gibt allerdings zu, daß diese Regel mit Rücksicht auf die zweite Stichtagverlautbarung und deren Begründung derzeit nur bei Effektivverbindlichkeiten gelte (31 f.). Seiner Auffassung ist entgegenzuhalten, daß der Nominalismus im Wesen des neuzeitlichen Währungsrechtes begründet ist und nach der herrschenden Lehre das ausländische Währungsrecht gilt, wenn die Schuldsumme in Fremdwährung ausgedrückt ist, und zwar auch im Falle eines Währungswechsels (vgl. Walker 441 f., 457 ff., Nußbaum, Das Geld, 138 ff., Internationales Privatrecht, 242, 252 ff., Wahle, Gutachten, 185 ff., Neumeyer, Internationales Verwaltungsrecht, III/2, 127, 170, Wolff, Schuldverschreibungen auf Reichs- oder Goldmark mit unechter Valutaklausel, 18, 23 ff., 37 ff., Ehrenzweig II/1, 26 f., Pasching, Mitteil. 1933, 183). Der OGH. hat sich diesem Standpunkt angeschlossen (E. vom 24. Mai 1927, ZBl. 1927/288, vom 11. September 1929, Rspr. 1929/331, vom 12. März 1930, SZ. XII/62, vom 9. Oktober 1930, Rspr. 1931/4, vom 20. Jänner 1935, Rspr. 1935/111, vom 22. Jänner 1935, RZ. 1935, 73, NotZ. 1935, 161). Mayer, Die Valutaschuld nach deutschem Recht, 37 ff., und unabhängig von ihm Loeb, Fremde Zwangskursgesetze und österreichisches internationales Privatrecht, JBl. 1934, 133—140, lehnen allerdings die Verbindlich-

keit fremder Währungs- und Zwangskursgesetze wegen ihres öffentlich-rechtlichen Charakters überhaupt ab (vgl. Frankenstein, Internationales Privatrecht, II, 201 f., Wahle, Gutachten, 198). Ersterer stützt sich hierbei auf die Judikatur des RG. in Währungsfragen nach dem Weltkriege (45, Anm. 5 ff., vgl. hierzu Nußbaum, Internationales Privatrecht, 254, Wahle, Gutachten, 186 ff.). Behrend, Die Wirkung der Aufhebung der Goldklauseln, 24 ff., schreibt jedem Staate das Recht zu, die Geltung des Nennwertgrundsatzes (besonders für Schulden in Auslandwährung) selbständig zu regeln. Das ist theoretisch zweifelsohne richtig, aber tatsächlich kaum durchführbar. Vgl. nunmehr Lenhoff-Pisko, II, 333 f., 340 f., 350 ff., 359 f.

Eine Ausnahme vom Nennwertsgrundsatze kann auch für den Fall der staatlicherseits vorgenommenen Abwertung einer Währung — wie beim nordamerikanischen Dollar — nicht gemacht werden. Wird seitens des Fremdwährungsstaates bei einer äußeren Währungsänderung (Währungswechsel) ein offenbar ungerechter Umrechnungsschlüssel angewendet, so gewährt die Vorbehaltsklausel hinreichenden Schutz (Wahle, Gutachten, 190. Lenhoff-Pisko, II, 353, 359).

34 Nach dem Gesetze vom 21. Dezember 1934, BGBl. II, 469, kann die Wirksamkeit des Stichtages davon abhängig gemacht werden, daß der Gläubiger dem Schuldner bestimmte Erleichterungen zugesteht. Das ist durch die 5. Stichtagverlautbarung für Hypothekardarlehen von Vorarlberger Kreditunternehmen auf Schweizer Franken (mit und ohne Goldklausel) vorgesehen. Derartige Forderungen werden also ähnlich behandelt wie Schillinghypotheken mit Goldwertklausel.

35 Vgl. hierzu Nußbaum, Das Geld, 203 ff., Vertraglicher Schutz, 68 ff., Ulrich 7.

36 Ettinger 94, Lenhoff 118. Der OGH. hat in der E. vom 30. Mai 1933, SZ. XV/125, ein derartiges Wahlrecht in eine Valutawertklausel umgedeutet (dagegen Torggler, Rspr. 1933, 145 f., Klang, JBl. 1934, 401, Schludermann, ZBl. 1935, 137, Braunfeld, NotZ. 1935, 69). Er kommt praktisch zu denselben Ergebnissen, da er annimmt, daß derartige Klauseln nicht unter die GKV. fallen. Für die Meistbotsverteilung könnte dies aber einen Unterschied machen. Richtig die E. vom 8. Februar 1933, SZ. XV/32, und vom 5. Februar 1935, Rspr. 1935/170.

37 Loeb-Komorzynski 55 f., Janda, Anm. 3 zur GKV., Anm. 1 zur 2. Stichtagverlautbarung, Braunfeld, JBl. 1933, 320, Loeb, JBl. 1934, 32, Schludermann, NotZ. 1934, 31 f., berichtend ohne eigene Stellungnahme Ehrenfreund, Zur Frage der Erfüllung von Dollarverbindlichkeiten, NotZ. 1934, 202 f., abweichend Pasching (Mitteil. 1933, 185 f.), nach welchem seit der 2. Stichtagverlautbarung Dollarforderungen mit Goldklausel vollwertig zu erfüllen sind, wenn sie österreichischem Rechte unterliegen.

Die 2. Stichtagverlautbarung unterscheidet zwischen Golddollar (Goldpfund) und gewöhnlichem Dollar (Pfund) überhaupt nicht, sondern setzt nur den allgemeinen Stichtag für Dollar- und Pfundverbindlichkeiten fest. Es läge daher der Gedanke nahe, daß auch Golddollar und Goldpfund zum Nennwerte nach dem Privatclearingkurs zu erfüllen sind (so Kienböck, Wiener Zeitung vom 29. Juli 1935, Nr. 178). Diese Auffassung ist jedoch abzulehnen, da sie dem Leitgedanken der Goldverordnungen (grundsätzliche Anerkennung der Goldklausel) widerspricht. Der auffallende Umstand, daß die 2. (im Gegensatz zur 5.) Stichtagverlautbarung die Goldklausel nicht berücksichtigt, liegt wohl — wenn es auch Janda (Anm. 3 zur 5. Stichtagverlautbarung) nicht wahr haben will — darin, daß der Gesetzgeber bei Erlassung der GKV. und der 2. Stichtagverlautbarung an das Bestehen von

Goldklauseln bei Fremdwährungsforderungen nicht dachte (ebenso Braunfeld, JBl. 1933, 320).

[38] Janda, Anm. 3 und 42 zur GKV., Anm. 1 zur 2., Anm. 3 zur 5. Stichtagverlautbarung, Braunfeld, JBl. 1933, 320, Schludermann, NotZ. 1934, 31, ZBl. 1935, 136, Pasching, Rspr. 1935, 103. Auch Löbl, Rspr. 1935, 3 f., erblickt darin eine haltbare Auslegungsmöglichkeit.

[39] Loeb-Komorzynski 55, Braunfeld, JBl. 1933, 320, Schludermann, NotZ. 1934, 30.

Effektive Fremdwährungsforderungen mit Goldwertklausel sind, da sie der GKV. nicht unterliegen, vollwertig zu erfüllen. So hinsichtlich einer Hypothekarforderung in Dollar die E. vom 12. September 1935, ZBl. 1936/54.

[40] Die herrschende Lehre geht dahin, daß derartige fremdstaatliche Eingriffe in Gläubigerrechte für das Recht, dem das betreffende Schuldverhältnis untersteht, unverbindlich sind, da es sich nicht um währungsrechtliche Bestimmungen handelt (Nußbaum, Das Geld, 178 f., Internationales Privatrecht, 257 f., Ulrich 94 ff., Wahle, Gutachten, 190, 198 f., Rspr. 1934, 85, Walker 450, E. vom 12. September 1929, Rspr. 1929/332, vom 9. Oktober 1930, Rspr. 1931/4, abweichend E. vom 12. März 1930, SZ. XII/62). Im Anschluß daran wurde bisher überwiegend die Auffassung verfochten, daß die Aufhebung der Goldklausel in den Vereinigten Staaten durch die „Joint Resolution" vom 5. Juni 1933, ZAuslR. 1933, 489 ff., für Österreich bei Anwendung österreichischen Rechtes unverbindlich sei (Braunfeld, JBl. 1933, 320, Loeb-Komorzynski 58, Pasching, Mitteil. 1933, 183, 185 ff., Schludermann, ZBl. 1935, 136, Wahle, Rspr. 1934, 83 f., abweichend Kienböck, Öst. Immobilienzeitung, 1935, Heft 16, 3 f.). Der gleiche Standpunkt wird in Deutschland vertreten (vgl. die bei Mayer 47, Anm. 26, verzeichnete Literatur, Wolff 17 ff.). Weiter gehen Loeb, JBl. 1934, 136 f., und Mayer 46 f., welche die Aufhebung der Goldklausel folgerichtig (Anm. 33) als währungsrechtliche Bestimmung ablehnen, ebenso die E vom 8. Juli 1935, Rspr. 1935/207 und 274, falls es sich um eine Währungsvorschrift handle.

Praktisch ist der Unterschied zwischen beiden Auffassungen nicht so bedeutend, da Mayer (45 f.) Vorschriften als Währungsnormen auffaßt, welche die herrschende Lehre für schuldrechtliche Bestimmungen erklärt und ihnen deshalb Wirksamkeit abspricht (vgl. hierzu Ulrich 94 ff., Wolff 19 f.). Manchmal — z. B. bei der Frage des Annahmezwanges — können allerdings Schwierigkeiten entstehen (siehe Mayer 47 f. einerseits, Walker 441 f. anderseits). Behrend 24 ff. hält die Frage, ob eine währungsrechtliche oder schuldrechtliche Bestimmung vorliege, für bedeutungslos (vgl. Anm. 33). Die Aufhebung der Goldklausel ist nach ihrer Auffassung für außeramerikanische Staaten, welche die Freiheit des Eigentums gewährleisten, als Verstoß gegen die guten Sitten auf Grund der Vorbehaltsklausel nicht zu beachten, auch wenn das Vertragsverhältnis nordamerikanischem Rechte untersteht (62—72). Der OGH. in den E. vom 9. April 1935, Rspr. 1935/123, Plesch 155 ff., und vom 8. Juli 1935, Rspr. 1935/207 und 274, Plesch 157 ff., und das LG. f. ZRS. Graz in der E. vom 24. Juli 1934, ZBl. 1935/48 a (abweichend die E. des BG. Innere Stadt, Wien, vom 1. März 1934, Rspr. 1934/137) vertraten daher jedenfalls mit Recht den Standpunkt, daß bei Anwendung österreichischen Rechtes die Aufhebung der Dollargoldklausel bedeutungslos sei.

Das Gutachten des OGH. vom 26. November 1935 über die Erfüllung der Verpflichtungen aus den amerikanischen Tranchen der Völkerbundanleihe und der Internationalen Bundesanleihe 1930 (Amtsblatt der öst. Justizverwaltung 1935, 106—120, vgl. hierzu die systematische Zusammenfassung von Kößler, NotZ. 1936, 47—49, 62—67, und die kritische Stellungnahme von Pasching,

Zur Frage der Golddollarklausel, Mitteil. 1935, 329—333) bejaht die Frage, ob der österreichische Staat diese Verpflichtungen zum Nennwert nach dem Privatclearingkurs erfüllen könne. Es nimmt aber zur Goldklausel bei Fremdwährungsverpflichtungen überhaupt nicht endgültig Stellung, da es einerseits ausführt (115), die „Joint Resolution" enthalte eine schuldrechtliche Seite insofern sie durch Außerkraftsetzung der Goldklausel in Privatrechtsverhältnisse eingreife, anderseits annimmt (118 f.), es nehme der in ausländischer Währung Kontrahierende das Risiko auf sich, daß das ausländische Recht die mit der Goldklausel beabsichtigte Schutzmaßnahme beseitige. M. E. ist der Auffassung beizupflichten, daß es sich bei Aufhebung der Goldklausel um eine schuldrechtliche Bestimmung handelt. Sie gilt also nur dann, wenn der Vertrag als solcher nordamerikanischem Rechte unterliegt. Der OGH. selbst hat auch nach Erstattung des Gutachtens in der E. vom 5. Dezember 1935, Rspr. 1936/29, AnwZ. 1936, 94, den Standpunkt vertreten, es sei die in Österreich getroffene Vereinbarung eines nordamerikanischen Gläubigers mit seinem inländischen Schuldner, daß eine in New York zahlbare Golddollarschuld trotz Aufhebung der Goldklausel zum alten Paritätskurse gezahlt werde, gültig. Es braucht hierbei nicht auf die vom Gutachten (117 f.) abgelehnte Auffassung zurückgegriffen werden, daß die Aufhebung der Goldklausel durch die Vereinigten Staaten gegen die öffentliche Ordnung Österreichs verstoße (vgl. hierzu Torggler, Das Gutachten des OGH. vom 26. November 1935 und die Goldforderungen in Fremdwährung, JBl. 1936, 245—248, Lenhoff-Pisko, II, 355 f., 362 f., 378 ff., und die dort Angeführten).

[41] Vgl. Torggler, Zuschlagserteilung und Hypothekarforderung (JBl. 1934, 315—317).

[42] Die Klags- und Urteilsfassung wird von Schludermann, JBl. 1933, 315, Loeb-Komorzynski 89 f., und Lenhoff-Pisko, II, 363 ff., behandelt. Klagen und Exekutionen auf Schilling Gold sind bei nichteffektiven Forderungen auch nach Inkrafttreten der GKV. zulässig. Der Zahlungstag entscheidet, ob die Forderungen zum Nennwerte oder zum Goldkurse zu erfüllen sind (E. vom 31. Oktober 1934, EvBl. I/451, vom 23. Jänner 1935, SZ. XVII/17). Über das sogenannte Valutawertbegehren (Klage auf Zuspruch des Gegenwertes der geschuldeten Fremdwährung in Heimwährung) siehe Wahle, Rspr. 1933, 28, 49, 1934, 45, und die dort besprochenen E. des OGH. vom 1. Februar 1933, Rspr. 1933/22 und 23, vom 14. Februar 1934, Rspr. 1934/60, sowie Lenhoff-Pisko, II, 363.

[43] Exekutionsrechtliche Fragen erörtern Loeb-Komorzynski 89—94, Schludermann, JBl. 1933, 312 ff., 316, NotZ. 1934, 32 ff., Braunfeld, Fremdwährungsforderungen im Exekutionsverfahren, NotZ. 1934, 110—114, Entgegnung, ebendort, 128 f., Schimetschek, Rspr. 1934, 64 f., derselbe, Die Behandlung von Fremdwährungsforderungen im Meistbotsverteilungsverfahren, NotZ. 1934, 127 f., Wahle, Rspr. 1934, 65 f., Seidler, Die Frage der Umrechnung einer nichteffektiven Fremdwährungshypothek in Inlandwährung im Meistbotsverteilungsverfahren, NotZ. 1934, 164 ff., Torggler (Anm. 41) und Lenhoff-Pisko, II, 364 f.

[44] Darüber, welcher Kurs bei Exekutionen in Anwendung zu bringen ist, vgl. Braunfeld, NotZ. 1934, 114. Er betont mit Recht, daß Urteile auf Auslandwährung nicht notwendig Effektivverpflichtungen begründen, sondern zur Entscheidung dieser Frage die Urteilsgründe heranzuziehen sind (entgegengesetzt Loeb-Komorzynski 38 f.). Bei Versäumnisurteilen müßte man m. E. die Klagsausführungen berücksichtigen.

Ob für Effektivforderungen die für Geldforderungen nach österreichischem Rechte zulässigen Exekutionsmittel anzuwenden sind, ist bestritten. Pollak,

System des öst. Zivilprozeßrechtes, 789, hält nur die Exekution nach § 346 EO. zulässig, wogegen Neumann-Lichtblau, Kommentar zur Exekutionsordnung, 369, zwar an und für sich derselben Auffassung ist, jedoch dem Gläubiger freistellt, sich der gewöhnlichen Exekutionsmittel zu bedienen, wenn er auf das Recht verzichtet, bestimmte Geldsorten zu verlangen. Nach Erlassung der Devisenverordnung erklärten Demelius (JBl. 1932, 77) für effektive Valutaforderungen, Klärmann (JBl. 1932, 57) für solche und für Schillingforderungen auf Goldmünzen ausschließlich § 346 EO. anwendbar, ebenso das Exekutionsgericht Wien (vgl. die E. dieses Gerichtes und des LG. Wien bei Heller-Trenkwalder, Die Exekutionsordnung in ihrer praktischen Anwendung, 1249 f.). Klang (JBl. 1932, 131) wollte § 353 EO. anwenden. Derzeit muß aber als herrschend die von Lenhoff, Privatrechtliche Probleme, 23 ff., Lenhoff-Pisko, II, 338, 364 f., und Löbl, Rspr. 1932, 129, vertretene Lehre angesehen werden, nach der Effektivforderungen wie gewöhnliche Geldforderungen vollstreckt werden. Ebenso für Goldmünzforderungen ausdrücklich die E. vom 20. April 1933, SZ. XV/115, und vom 27. März 1935, RZ. 1935, 115, NotZ. 1935, 177, welche allerdings die Frage offen lassen, ob bei der Meistbotsverteilung der Goldkurs zuzusprechen ist (vgl. hierzu im Texte bei Anm. 11 und Anm. 48).

45 Loeb-Komorzynski 90 f., Schludermann, JBl. 1933, 313. Kursänderungen oder der Eintritt des Stichtages in der Zeit zwischen Verteilungstagsatzung und tatsächlicher Ausfolgung geben dem Gläubiger Anspruch auf den Verzögerungsschaden gegenüber dem Personalschuldner (Loeb-Komorzynski 90 und 82 ff., Schludermann 313, vgl. auch die E. vom 27. Februar 1934, Rspr. 1934/104). Über die Behandlung von Effektivforderungen siehe im Texte bei Anm. 46 ff.

46 In Goldschilling effektiv (E. des OLG. Wien vom 16. Dezember 1931, AnwZ. 1932, 61 f.), in effektiver Fremdwährung (E. des OLG. Wien vom 22. Jänner 1932, Rspr. 1932/38), in Fremdwährung Gold (E. des OLG. Wien vom 18. Februar 1931, Rspr. 1931/137, NotZ. 1931, 139, ZAuslR. 1933, 872 f., und vom 14. April 1931, NotZ. 1931, 139, dagegen allerdings die E. des LG. Wien vom 19. Februar 1930, NotZ. 1931, 98). Vgl. hierzu Bartsch, Österreichisches Grundbuchsrecht, 224 f. und Anm. 32, Klang I/2, 251 f., und die dort angeführte Literatur. Schludermann (JBl. 1933, 312, 314, NotZ. 1934, 33) lehnt folgerichtig die Eintragung von Effektivforderungen als irreführend und daher unzulässig ab.

Inwieweit der Urkundeninhalt für die Beurteilung, ob es sich um eine Effektivforderung handelt, heranzuziehen ist, vgl. Torggler, Meistbotsverteilung und Urkundensammlung, NotZ. 1934, 171 f., und die Anm. 54 a. E. erwähnten Entscheidungen.

47 NotZ. 1934, 33, unterscheidet er für effektive Fremdwährungshypotheken mehrere Auslegungsmöglichkeiten. Das Pfandrecht für eine Effektivforderung sei absolut nichtig (das widerspreche aber dem Parteienwillen), das Pfandrecht sei nicht für die Effektivforderung selbst, sondern für die Interesseforderung im Falle nichteffektiver Erfüllung bestellt (mit der Variante, daß dieses Pfandrecht dem § 11 GSchEV. unterliege), schließlich (was der wahren Absicht der Parteien am meisten entspreche), daß die Effektivklausel eine Goldwertklausel verberge.

48 Die E. des OGH. vom 11. Juli 1933, JBl. 1933, 393, erkennt bei einer Liegenschaftsmeistbotsverteilung dem Gläubiger für eine Goldmünzforderung soviel Papierschillinge zu, als am vermutlichen Ausfolgungstag dem Goldkurse entspricht, ebenso weist die E. vom 15. Jänner 1935, Rspr. 1935/64, bei Wahlrecht des Gläubigers zwischen Zahlung von Bundesgoldmünzen oder des Schillingnennwertes den Goldkurs zu, wenn der Gläubiger bei der Meistbotsverteilung Zahlung in Bundesgoldmünzen verlangt. Die E. vom 6. Oktober 1933, JBl. 1933,

503 f., legt dagegen in einem gleichgelagerten Falle die Goldmünzklausel als Goldwertklausel aus und spricht nur den Nennbetrag in Papierschilling zu. Vgl. auch die Ausführungen im Texte bei Anm. 11 und 30.

49 Wolff (Grundriß 110) betrachtet auch tatsächlich die Ersetzungsbefugnis als Leistung an Erfüllungs Statt. Schludermann (NotZ. 1934, 33) sieht im Begehren des Gläubigers auf Ersatzleistung das Geltendmachen einer Interesseforderung. Eine derartige Auslegung ist keineswegs notwendig. Das Recht des Gläubigers auf Ersatzleistung kann (siehe die E. vom 1. Februar 1933) auf die Vorschrift des § 989 ABGB. gestützt werden und ergibt sich beim Darlehen aus dem Begriffe des Darlehens selbst (Swoboda im Kommentar zum ABGB., II/2, 745). Diese Regeln können nach § 7 ABGB. ohne weiteres auf Geldforderungen mit anderer Entstehungsursache angewendet werden.

49a Vgl. nunmehr zu dieser Frage Lenhoff-Pisko, II, 381 ff.

50 Die Auffassung, daß der Gläubiger einer Effektivforderung durch das Verlangen auf Barzahlung (§ 171 EO.) seine Forderung zu einer nichteffektiven macht, verstößt, wie schon ausgeführt, gegen Treu und Glauben (vgl. im Texte nach Anm. 10). Der nachstehende Hypothekargläubiger hätte übrigens keinen Vorteil, da der Effektivgläubiger dann immer Überbindung seiner Forderung verlangen würde und sie dann doch zum Privatclearingkurs (Goldkurs) anzurechnen wäre.

Die E. vom 12. September 1935, ZBl. 1936/54 (siehe Anm. 39 a. E.), steht auf dem im Texte entwickelten Standpunkt. Sie berücksichtigt bei der Meistbotsverteilung ein nach Inkrafttreten der GKV. erlassenes Urteil, auf Grund dessen der Schuldner den vertraglich zugestandenen Gegenwert in Goldschilling zu bezahlen hat. Begründet wird dies damit, daß die dadurch entstandene nichteffektive Goldschillingschuld der GKV. nicht unterliegt und der Gläubiger nicht mehr erhält, als wenn er seine Forderung in der ursprünglichen Form geltend machen würde.

51 Sie versagen es ihm, wenn die Fundierungsforderung trotz ursprünglicher Barzahlungsanmeldung dem Ersteher überbunden wird. Das Antragsrecht steht nach der E. des LG. Klagenfurt vom 19. November 1935, ZBl. 1936/37, nur dem Verpflichteten und dem Ersteher, nicht aber einem Hypothekargläubiger zu.

52 Loeb-Komorzynski (92 f.) und Schludermann (NotZ. 1934, 32 f.) behandeln Forderungen, bei denen der Stichtag noch nicht verlautbart ist, als aufschiebend bedingte gemäß § 221 EO., wobei dieser den Gesamtbetrag vorläufig fruchtbringend anlegt, jener nur die Differenz zwischen Nationalbank- und Privatclearingkurs oder Nennbetrag und Goldkurs, während der Rest dem Gläubiger ausgefolgt wird. Die Auffassung Schludermanns ist folgerichtig, aber (besonders bei sinkender Heimwährung) unzweckmäßig (vgl. Torggler, JBl. 1934, 317, Anm. 17).

53 Die herrschende Lehre (Ehrenzweig, System, I/2, 461, Walker, Österreichisches Exekutionsrecht, 100, Oelz, NotZ. 1929, 221, Schludermann, JBl. 1930, 172, Drechsler, GerH. 1932, 4, Wahle, Rspr. 1934, 65 f., 1935, 103 f., Torggler, JBl. 1934, 316) und die ältere Judikatur (E. vom 19. März 1879, GlU. 7381, vom 14. Jänner 1919, SZ. I/1, vom 1. Februar 1933, AnwZ. 1933, 89 f., und auch noch die E. des LG. f. ZRS. Graz vom 24. Juli 1934, ZBl. 1935/48 a, und des Kreisgerichtes Korneuburg bei SZ. XV/195) ist für die erste Auffassung. Die zweite wird nunmehr von Schludermann (ZBl. 1935, 136) mit der m. E. durchschlagenden Begründung vertreten, daß sonst eine rechnungsmäßige Grundlage für die Entscheidung über einen allfälligen Widerspruch mangels Deckung fehlen würde. Schludermann, JBl. 1933, 313, Loeb-Komorzynski 90 f., und Schimetschek, Rspr. 1934/64 f., NotZ. 1934, 127 f., sowie die E. vom 20. Jänner 1935, Rspr. 1935/111, vom 22. Jänner 1935, RZ. 1935, 73, NotZ.

1935, 161 f., vom 16. April 1935, Rspr. 1935/124, JBl. 1935, 278 f., und anscheinend die E. des OLG. Wien vom 25. Jänner 1928, NotZ. 1929, 221) sind für die dritte Auffassung. Der vierten huldigt ein Großteil der neueren Rechtsprechung (E. vom 11. Juli 1933, JBl. 1933, 393, vom 27. Februar 1934, Rspr. 1934/104, JBl. 1934, 325 f., GerH. 1934, 78, und vom 9. Juli 1934, GerH. 1934, 140 f.; die E. vom 25. August 1933, SZ. XV/168, schwankt zwischen dem Kurse des Zuschlages und dem der vermutlichen Ausfolgung). Eine Mittelmeinung, welche durch eine Mehrheit von Verteilungsbeschlüssen und Ausschüttungen den Zeitpunkt der Zuweisung und tatsächlichen Ausfolgung vereinen will, entwickelt Braunfeld. NotZ. 1934, 112 f., 128 f. Ihr schließt sich Seidler, NotZ. 1934, 164 ff. an.

Diese Regeln haben auch für die gemäß § 223, Abs. 2 EO. aus dem Meistbote bar zu zahlenden Zinsen der übernommenen Hypothekarforderungen und für die Entscheidung der Frage zu gelten, ob eine Stichtagverlautbarung bei der Meistbotsverteilungstagsatzung zu berücksichtigen ist, wenn der Stichtag nach dem Tage der Versteigerungstagsatzung oder dem Zuschlagstage liegt (vgl. die E. vom 2. November 1933, SZ. XV/218).

[54] Es kann dagegen nicht geltend gemacht werden, daß nach § 229, Abs. 1 EO. im Verteilungsbeschlusse anzugeben ist, inwieweit die Ansprüche der Berechtigten an Hauptsache und Nebengebühren getilgt wurden. Denn nach der richtigen Auffassung (E. vom 25. April 1934, Rspr. 1934/258) ist der getilgte und ungetilgte Teil einer einverleibten Fremdwährungsforderung im Verteilungsbeschlusse in Auslandwährung auszudrücken. Bei überbundenen Fremdwährungsforderungen wird also nicht etwa eine Schillingsumme durch Übernahme getilgt, sondern eine Fremdwährungsforderung. Andernfalls müßte die Fremdwährungsforderung im Grundbuche gelöscht und statt ihrer eine Schillingsumme eingetragen werden, wozu jegliche gesetzliche Handhabe fehlt (vgl. Torggler, JBl. 1934, 317, Anm. 22).

Wertbeständigkeitsklauseln (siehe im Texte bei Anm. 31 f.) sind bei Meistbotsverteilungen ebenfalls zu beachten (vgl. die Begründung der im Texte erwähnten E. vom 21. August und 22. November 1935, sowie der E. vom 13. Februar 1934, SZ. XVI/30, und vom 9. Juli 1935 in Anm. 139).

[55] Vgl. Klang 179, Schludermann, JBl. 1933, 316, und die E. des LG. Wien vom 5. August 1933, AnwZ. 1933, 323 f. Die Eintragung hat in Form einer Anmerkung zu geschehen (Klang, a. a. O.). Wäre eine Änderung des Zinsenpfandrechtes beabsichtigt, was Schludermann, a. a. O., mit Recht unter Hinweis auf § 469 ABGB. ablehnt, so müßte allerdings eine Teillöschung einverleibt werden (Schludermann, a. a. O., Anm. 20).

[56] Ausgabe mit Erläuterungen von Prager unter dem Titel „Die Ausbeutungsverordnung", von Hermann in „Das neue österreichische Recht", II a 1. Aufsätze von Schell, Die Verordnung gegen die Ausbeutung Kreditsuchender, JBl. 1933, 201—205, Weiser, Die neue Wucherverordnung, AnwZ. 1933, 141—145, Lieban, Wucherverordnung und Ausbeutungsverordnung, AnwZ. 1933, 185—189, Blohn, Wucherverordnung und Ausbeutungsverordnung, AnwZ. 1933, 261—262, Swoboda, Ausbeutung Kreditsuchender (Zinswucher), NotZ. 1933, 96—98 (und im Kommentar zum ABGB., II/2, 759—761), Graschopf, Über den Kreditwucher, NotZ. 1933, 126—131, Ratzenhofer, ZAuslR. 1934, 459—461. Diese Arbeiten werden im folgenden nur mit den Verfassernamen zitiert.

[57] Prager 10, Schell 201, Graschopf 127. Schell vertritt den Standpunkt, daß Höchstbetragskredite nicht unter die Ausbeutungsverordnung fallen. Für Betriebskredite, bei denen die hypothekarische Sicherstellung nur von zusätz-

licher Bedeutung ist (sie hat er in erster Linie im Auge), kann man ihm zustimmen.

[58] § 1, Abs. 1, lit. a, erwähnt ausdrücklich die Stundung einer Geldforderung, so daß die zivilrechtlichen Folgen der Vdg. auch dann eintreten können, wenn durch Zwangspfand sichergestellte Forderungen gestundet werden (Graschopf 127).

[59] Die Zinsfußhöhe der Exekutionsnovelle 1933 (vgl. Abschnitt III) bildet keinen Maßstab für eine Übermäßigkeit i. S. der Ausbeutungsverordnung (Ettinger, NotZ. 1933, 191, Wahle, Rspr. 1934, 218, die E. vom 2. Oktober 1934, Rspr. 1934/369, NotZ. 1935, 76, abweichend Hermann in „Das neue österreichische Recht", II b 2, Anm. 19). Ein Zins von 7% ist auch bei Hypotheken in effektiven Schweizer Franken angemessen (E. vom 5. Februar 1935, Rspr. 1935/170). Über die übliche Zinshöhe vgl. Prager 25 und Hermann II a 1, Anm. 13, seither ist allerdings ein Sinken des Hypothekarzinsfußes zu verzeichnen. Die Feststellung erfolgt gegebenenfalls durch Sachverständige (Prager 26, Hermann, a. a. O., Graschopf 127 f., vgl. auch Lieban 188).

Der objektive Umstand einer übermäßigen Gegenleistung entscheidet, Zwangslage des Kreditnehmers ist nicht erforderlich (E. vom 26. März 1935, JBl. 1935, 386, NotZ. 1935, 192 f.). Die E. vom 20. Februar 1935, Rspr. 1935/132, läßt nicht den tatsächlich geübten Verkehr, sondern „was der Redlichkeit entsprochen hätte" maßgebend sein; ähnlich die E. vom 12. November 1935, Rspr. 1935/302, RZ. 1936, 11, nach welcher (bei Beamtenkrediten) die Bedingungen der führenden Anstalten maßgebend sind, soweit sie den Grundsätzen des redlichen Verkehres entsprechen. Das kann unter Umständen zu Ungerechtigkeiten gegenüber dem Gläubiger führen (vgl. Hunna, Der redliche Verkehr im Sinne der Kreditausbeutungsverordnung, AnwZ. 1935, 376—380).

[60] Lieban (189) empfiehlt eine Änderung des Verordnungstextes in dieser Richtung. Die Rechtsprechung kann aber m. E. durch bloße Auslegung zum selben Ergebnisse kommen. Hunna (379), der an und für sich den Zeitpunkt des Vertragsabschlusses für maßgebend hält, ist bei Ablehnung dieser Auffassung für die Berücksichtigung der Fälligkeit der einzelnen Leistungen. Nach den in Anm. 59 angeführten E. vom 20. Februar und 12. November 1935 sind jedenfalls Änderungen in den Verhältnissen seit Vertragsabschluß zu berücksichtigen. Ob dies bis zur Zeit der Geltendmachung geschehen soll, ist nicht klar ersichtlich.

[61] Das Rechtsgeschäft als solches bleibt gültig (Prager 32, Hermann, Anm. 16, Schell 203, Weiser 144, Swoboda 97 und im Kommentar, II/2, 760, Ratzenhofer 460).

[62] Prager 33 f., Hermann, Anm. 16, Schell 203, Swoboda im Kommentar, II/2, 760, Anm. 14 c, und die dort zitierte E. des OLG. Graz vom 12. Juni 1933. Hermann, a. a. O., sieht darin keine reine Kompensationseinrede, sondern die Bestreitung des klägerischen Anspruches.

[63] Hermann, Anm. 16, will den Rückforderungsanspruch auch gegen einen Zessionar geben, der die übermäßige schuldnerische Leistung lukriert hat. Soll damit nur gemeint sein, daß auch der Übernehmer für ihm bezahlte übermäßige Gegenleistungen haftet, so ist das selbstverständlich.

[64] Prager 32 f., Schell 203 ff., Weiser 144, Lieban 187, Swoboda 97, Graschopf 130, Ratzenhofer 460.

[65] Prager 47 f., Hermann, Anm. 17, Schell 203, Weiser 145, Swoboda 98 und im Kommentar, II/2, 760, Graschopf 130.

[66] Prager 52 f., Hermann, Anm. 16 und 24, Schell 203 f. (dieser mit der unbegründeten Einschränkung, daß Gegenstand des Urteiles nicht die Über-

maßforderung selbst sein dürfe), grundsätzlich dagegen Lieban 187 und Ratzenhofer 461.

[67] Prager 39ff., Hermann, Anm. 20 und 21, Schell 204, Weiser 144, Lieban 187, Swoboda 97 und im Kommentar, II/2, 760, Graschopf 130, Ratzenhofer 460, Krehan, Aufschiebung des Vollstreckungsverfahrens nach der Ausbeutungsverordnung, Öst. Immobilienzeitung 1936, Heft 8, 2—3. Prager (39) hebt richtig hervor, daß die Unterbrechung oder Aufschiebung nur in dem zur Sicherung des Rückforderungsanspruches nötigen Ausmaße zu erfolgen hat. Die von Schell und Graschopf a. a. O. erhobenen Bedenken werden dadurch beseitigt.

[68] Kündigungen vor Einklagung des Rückforderungsanspruches werden nicht getroffen (Prager 35f.).

[69] Prager 25ff., Schell 204, Weiser 144, Swoboda 97 und im Kommentar, II/2, 760, Graschopf 130, Mattausch, Die Aufkündigungsbeschränkungen für Hypothekarforderungen nach den Verordnungen der Bundesregierung, AnwZ. 1933, 374. Ratzenhofer (460) spricht ungenau von mindestens zwei Raten. Über die rechtliche Bedeutung der Kündigungseinschränkung vgl. Prager 35, Schell, a. a. O.

[70] Prager 35f., entgegengesetzt Hermann, Anm. 18, allerdings mit der zu Anm. 59 erwähnten Ausnahme, daß nicht die Kündigungsbeschränkungen der Exekutionsnovelle 1933 anwendbar sind.

[71] Ausgabe mit Erläuterungen von Hermann (vgl. Anm. 72) und in „Das neue österreichische Recht", II b 2, Aufsätze von Klang, Die Notverordnung über die Liegenschaftsvollstreckung, JBl. 1933, 309—310, Braun, Die neuen Bestimmungen über Immobiliarexekution, Mitteilungen der wirtschaftlichen Organisation der Rechtsanwälte, 1933, 23—24, Ettinger, Exekutions- und Kündigungsbeschränkungen für mündelsichere Hypothekardarlehen, NotZ. 1933, 189—192, Graschopf, Die drei Novellen zur Exekutionsordnung, NotZ. 1933, 247—248, Krehan, Die praktische Auswirkung der Exekutionsnovellen, NotZ. 1933, 266—267, Die Zinsenbeschränkung nach der Exekutionsnovelle, NotZ. 1934, 8—9, Die Kündigungsbeschränkung der Hypothekardarlehen nach der Exekutionsnovelle, JBl. 1934, 209—210, vgl. auch Ratzenhofer, ZAuslR. 1934, 472—473.

Die vom Bundesministerium für Justiz dem Ministerrate vorgelegte Begründung wurde auszugsweise im ABl. der JV. 1933, 43—44, veröffentlicht.

[72] Über dieses vgl. die Ausgabe von Hermann mit Erläuterungen aus den Motiven (zusammen mit der 8. Gerichtsentlastungsnovelle, Manz, 1933), Heller-Trenkwalder, Die österreichische Exekutionsordnung in ihrer praktischen Anwendung, 866f., Ratzenhofer, ZAuslR. 1933, 158.

Durch das Gesetz soll der Liegenschaftsschuldner auf zwei Arten geschützt werden. Auf seinen Antrag kann ein Zwangsversteigerungsverfahren seiner Liegenschaft auf sechs Monate aufgeschoben werden, wenn er glaubhaft macht, daß dadurch die drohende Vernichtung seiner wirtschaftlichen Existenz vermieden werden kann oder die einzutreibende Forderung bzw. der noch aushaftende Kapitalsbetrag im offenbaren Mißverhältnisse zum Liegenschaftswerte steht. Die Aufschiebung kann (nach dem ursprünglichen Texte) bis zur Gesamtdauer eines Jahres verlängert werden, doch muß in diesem Falle der Schuldner einen Betrag bezahlen oder sicherstellen, der mindestens zur Deckung der Zinsen, Kapitalsabschlagszahlungen oder Annuitäten für den Zeitraum der weiteren Aufschiebung genügt. Der betreibende Gläubiger ist einzuvernehmen und der Antrag abzuweisen, wenn er glaubhaft macht, daß durch die Aufschiebung größeren Wirtschaftskreisen erheblicher Schaden droht oder er einen unverhältnismäßigen Nachteil erleide (z. B. seine Forderung uneinbringlich wird). Bei Exekutionen seitens zur öffentlichen Rechnungslegung verpflichteter Geldinstitute und Versicherungsanstalten ist der Antrag abzuweisen, wenn der Schuldner nach Fälligkeit jedoch spätestens ein halbes Jahr vor dem Antrage auf Aufschub gemahnt wurde (§ 1). Der Zuschlag kann bei Liegenschaftsversteigerungen auf Antrag des Verpflichteten versagt werden, wenn das Meistbot nicht bei Häusern $^{7}/_{10}$, bei Landgütern und Grundstücken $^{8}/_{10}$ des Schätzwertes erreicht und überdies der Zuschlag eine Wertverschleuderung bedeuten würde (§ 7). Der übrige Teil des Gesetzes enthält Verfahrensvorschriften (darunter die Bestimmung, daß die zweite Instanz bei Aufschiebungsanträgen endgültig entscheidet). Die Anträge nach § 1 und 7 mußten bis längstens 30. Juni 1933 gestellt werden.

[73] Hierzu gehören nunmehr auch Privatbanken (Hermann in II b 2, Anm. 3 zu Art. I).

[74] Durch die Vdg. vom 21. Dezember 1933, BGBl. 581, bis 30. Juni 1934, durch jene vom 22. Juni 1934, BGBl. II, 104, bis 31. Dezember 1934, durch die Gesetze vom 6. Dezember 1934, BGBl. II, 444, BGBl. 256/35 und 441/35, zuerst bis 30. Juni 1935, dann bis 31. Oktober 1935, schließlich bis 30. Juni 1936 verlängert (sämtliche mit Anmerkungen herausgegeben von Hermann in „Das neue österreichische Recht", II b 2, 7—9). Das Gesetz vom 6. Dezember 1934 ergänzt die Exekutionsnovelle durch die Verpflichtung für die von der Liegenschaft zu entrichtenden öffentlichen Abgaben, welche durch die Verlängerung der Aufschiebung ihr Vorzugsrecht verlieren würden, einen entsprechenden Betrag zu bezahlen oder sicherzustellen (Hermann, a. a. O., S. 7, Anm. 4). Nach dem Gesetz, BGBl. 207/36 können neue Anträge auf Aufschiebung nur mehr bis 30. September 1936 gestellt werden. Fristende für alle Aufschiebungen ist der 31. Dezember 1936. Anträge auf Aufschiebungsverlängerung und auf Zuschlagsverweigerung sind nach dem 30. Juni 1936 unzulässig.

[75] Über den Begriff der Wertverschleuderung vgl. Begründung 43, Krehan, Die Zuschlagsverweigerung wegen Wertverschleuderung, NotZ. 1934, 58—60, und Reinitz, Der Schutz gegen Wertverschleuderung, GerH. 1934, 48. Die ältere Judikatur (zusammengestellt bei Hermann in II b 2, Anm. 6 zu Art. I, wobei allerdings mehrmals JBl. statt ZBl. verdruckt ist) erblickt Wertverschleuderung hauptsächlich darin, daß das Meistbot infolge der krisenhaften wirtschaftlichen Verhältnisse gegenüber dem bei normalen Zuständen erzielbaren Preise (dem Verkehrswerte, allenfalls auch dem Schätzwerte) bedeutend zurückbleibt. Die neueren Entscheidungen verschärfen eher die Voraussetzungen für das Vorliegen einer Wertverschleuderung. In der E. vom 30. März 1933, SZ. XV/71, wird die Wertverschleuderung allerdings noch in Zusammenhang mit dem Schätzwerte gebracht und in der E. vom 2. Juni 1933, RZ. 1933, 216 f., ausgesprochen, daß die gesunkene Kaufkraft des Geldes (!) und die Eignung der Liegenschaft für bestimmte Zwecke beachtet werden müsse, die E. vom 1. April 1934, RZ. 1934, 118, betont dagegen, daß auf das Sinken der Preise in den letzten Jahren Rücksicht zu nehmen sei (allerdings auch auf die Aussichten einer besseren Verwertung). Wenn die Liegenschaft seit Jahren ertraglos ist, bedeutet der Zuschlag zum geringsten Gebote keine Verschleuderung (E. vom 14. November 1933, ZBl. 1934/62), vage Vermutungen, daß ein höherer Preis erzielbar sei, kommen nicht in Frage und muß das Ertragsrisiko berücksichtigt werden (E. vom 24. Juli 1934, RZ. 1934, 174). Die Wertverhältnisse zur Zeit der Zuschlagserteilung und allfällige Änderungen des Ertragswertes seit der Schätzung sind zur Beurteilung heranzuziehen (E. vom 24. Juli 1934, RZ. 1934, 174). Der Zuschlag ist zu erteilen, wenn ein höheres Anbot in absehbarer Zeit nicht zu erwarten ist (E. vom 19. November 1935, ZBl. 1936/112) oder die Mißwirtschaft des Verpflichteten für später kein besseres Erträgnis verspricht (E. vom 20. Juli 1934, ZBl.

1935/110). Geringe Aussichten auf Erzielung eines höheren Anbotes rechtfertigen die Zuschlagsverweigerung besonders dann nicht, wenn sonst den öffentlichen Abgaben ein unwiderbringlicher Schaden droht (E. vom 6. Dezember 1934, GerH. 1935, 10, JBl. 1935, 350). Wertverschleuderung ist im Zweifelsfalle dann anzunehmen, wenn das Meistbot dem geringsten Gebote näherliegt als der Verschleuderungsgrenze (E. vom 27. November 1935, ZBl. 1936/161).

Wird der Versteigerung als Schätzwert die von einem privilegierten Kreditinstitute gemäß Art. IV und V EG. zur EO. vorgelegte Anstaltsschätzung zugrunde gelegt (dagegen für die Geltungsdauer des Gesetzes vom 2. August 1932 mit Recht — allerdings im Widerspruch zur Praxis — Amlacher, Das Schätzungsprivileg der begünstigten Kreditinstitute, JBl. 1934, 114—118), so ist die Frage, ob Wertverschleuderung vorliege, nach der Anstaltsschätzung zu beurteilen (E. vom 30. Jänner 1934 bei Amlacher 118, und vom 31. Jänner 1934, ZBl. 1934/132, abweichend die von Amlacher 115 erwähnte E. vom 20. Dezember 1933, nach welcher der nach der Realschätzordnung sich ergebende Wert in Betracht kommt, was allerdings unpraktischerweise ein eigenes Schätzungsverfahren zur Folge hätte).

[76] Dazu hätte man schon durch die Auslegung des § 182, Abs. 2 EO. kommen müssen. Auf den Antrag, den Zuschlag zu verweigern, sind die Bestimmungen der §§ 185 ff. EO. anzuwenden (E. vom 12. Juli 1933, JBl. 1933, 416 und 528), so daß der Zuschlag zu erteilen ist, wenn der Meistbietende noch im Termine sein Anbot bis zur Verschleuderungsgrenze erhöht (E. vom 30. März 1933, SZ. XV/71, vom 2. Oktober 1934, SZ. XVI/203).

[77] Nach der Vdg. vom 7. Oktober 1933, BGBl. 462, sind Anbote des früheren Meistbieters im gleichen Versteigerungsverfahren auf Schuldnerantrag zurückzuweisen, wenn sie nicht sein seinerzeitiges Anbot erreichen (vgl. Hermann in II b 2, Anm. 8 zu Art. I).

[78] Krehan, NotZ. 1933, 266 f., empfiehlt die Ausdehnung des Antragsrechtes auf die nachstehenden Hypothekargläubiger, was zu billigen ist. Weniger zu empfehlen ist seine Anregung (Das geringste Gebot im Versteigerungsverfahren, NotZ. 1934, 129—131) auf allgemeine Erhöhung des Mindestgebotes, da dies unter den heutigen Verhältnissen dem Hypothekargläubiger die Eintreibung seiner Forderung zu sehr erschweren würde.

[79] Liegt ein Darlehen nur zum Teile innerhalb der Mündelsicherheit, so gelten die Zinsfuß- und Kündigungsbeschränkungen für die Restforderung nicht („innerhalb der Mündelsicherheit liegen", vgl. Begründung, 40, Hermann in II b 2, Anm. 1 zum Bundesgesetz BGBl. 153/35, Ettinger 189, Krehan, JBl. 1934, 209). Das ist unzweckmäßig, besonders dann, wenn man wie Graschopf (Die neuen Kündigungsbeschränkungen für mündelsichere Hypothekardarlehen, NotZ. 1935, 121—122) noch den Urkundeninhalt zur Beantwortung der Frage heranziehen wollte, ob dieser Restbetrag auch selbständig gekündigt werden könne (122). Dies war von vornherein zu bejahen, da das für das Gesamtdarlehen bestehende Kündigungsrecht nur für den mündelsicheren Teil aufgehoben wurde. Zweckmäßiger wäre es, in solchen Fällen die ganze Forderung so zu behandeln, als ob sie nicht unter die Bestimmungen der Exekutionsnovelle fiele (dagegen die E. vom 12. Februar 1935, SZ. XVII/28).

[80] Mattausch, AnwZ. 1933, 375, und Hermann in II b 2, Anm. 12 zu Art. II, machen auf einen Redaktionsfehler aufmerksam, da nach § 5 die §§ 1—4 für Exekutionen der bevorrechteten Gläubiger in ihrem Geschäftsbetriebe nicht gelten, § 4 aber nicht Exekutionen, sondern die Kündigungsbeschränkung behandelt. Auf Zessionare geht das Vorrecht nicht über (E. vom 1. Juni 1934, SZ. XVI/122).

Es gilt auch nicht für einen Strohmann des betreffenden Institutes (E. vom 26. Juli 1934, SZ. XVI/193).

[81] Der Antrag kann bis zur Verteilungstagsatzung gestellt werden (Klang 310, Ettinger 189) und auch dann, wenn das Kapital eingetrieben wird (E. vom 30. Jänner 1934, SZ. XVI/88). Das Antragsrecht des Verpflichteten ist nicht pfändbar, steht aber auch nicht einem Nachhypothekar zu (E. vom 21. November 1935, Rspr. 1936/18, ZBl. 1936/80, RZ. 1936, 124, vgl. Kollroß, Die Exekution auf Vermögensrechte und Unternehmungen, 24 f.). Werden Zinsen für einen Zeitraum begehrt, in welchem der Zinssatz für den Wechseleskont seitens der österreichischen Nationalbank 5% jährlich überstieg, so ist die Exekution bei Zinsen auf 2%, bei Verzugszinsen auf 3% über die Bankrate einzuschränken. Eine Zusammenstellung über die Bankraten vom 6. Oktober 1916 an wurde in der NotZ. 1933, 218, veröffentlicht.

[82] E. vom 4. Dezember 1934, RZ. 1935, 60, EvBl. I/599. Bei mündelsicheren Hypothekardarlehen gilt die Bestimmung des § 3, Abs. 1, sinngemäß auch für die unmittelbare Berichtigung und die Verteilung bei anderen Exekutionen als der „Zwangsversteigerung" (Abs. 2). Dieser wenig glückliche Ausdruck bezieht sich bei wörtlicher Auslegung nur auf die Zwangsverwaltung von Liegenschaften (so Hermann in II b 2, Anm. 9 zu Art. II, und Klang 310), doch ist m. E. es notwendig, um dem Sinne der Vdg. gerecht zu werden, nach „Zwangsversteigerung" zu ergänzen „von Liegenschaften" (vgl. Ettinger 191 zu P. 7, Krehan, NotZ. 1934, 9) und die Vorschrift auch auf Fahrnisexekutionen anzuwenden. In dieser Richtung ist der Verpflichtete ohnehin durch § 1 genügend geschützt. Praktisch wirksam kann diese Bestimmung nur werden, wenn man sie in erweiternder Auslegung auf die Fälle anwendet, daß vorerst das Meistbot aus einer Liegenschaftsversteigerung und dann das Ergebnis einer anderen Exekution verteilt wird oder der aus dem Meistbote voll gedeckte Hypothekargläubiger nachher die Zinsendifferenz durch eine neue Exekution hereinbringen will (vgl. Klang 310 zu II 1 c). Zeigt sich bei der Liegenschaftsmeistbotsverteilung, daß das Kapital nicht voll zum Zuge kommt, so sind, wie Klang, a. a. O., mit Recht bemerkt, höhere als 7%ige Zinsen (8%ige Verzugszinsen) auch dann zuzusprechen, wenn vorher einem Exekutionseinschränkungsantrage stattgegeben wurde (dagegen Hundegger, NotZ. 1936, 6). Eine Zinsenkürzung kommt nur dann in Betracht, wenn Hauptsache und gekürzte Nebengebühren im Meistbote volle Deckung finden (E. vom 6. September 1935, ZBl. 1936/38).

Der Antrag nach § 3, Abs. 1, kann (selbstverständlich) vom Schuldner auch gestellt werden, wenn ein rechtskräftiger Exekutionstitel vorliegt (E. vom 6. März 1934, SZ. XVI/49). Wird er abgewiesen, so steht (richtigerweise) auch dem nachfolgenden Gläubiger ein Rekursrecht zu, da eine gesetzliche Verteilungsvorschrift nicht beachtet wurde (E. vom 17. April 1934, SZ. XVI/78, vom 1. Juni 1934, SZ. XVI/122, im Falle der E. vom 12. Februar 1936, RZ. 1936, 123, hatte anscheinend der Verpflichtete keinen Widerspruch erhoben und wurde Widerspruch sowie Rekurs des Hypothekargläubigers deshalb abgewiesen).

[83] Bei der Liegenschaftsversteigerung soll also das Ergebnis der in diesem Verfahren notwendigen Schätzung abgewartet werden (Klang 310, Begründung 44). Die Mündelsicherheit ist nach dem Zeitpunkte zu beurteilen, in dem die Zinsenberechnung stattfinden soll (E. vom 23. Mai 1934, SZ. XVI/112).

[84] Auch § 3, Abs. 1, schließt sich in seiner Fassung enge dem § 1 an, nur die Bedingung der Mündelsicherheit fällt weg (Begründung, 44, vgl. auch E. vom 30. Jänner 1934, SZ. XVI/88).

Die Gründe der E. vom 20. November 1934, SZ. XVI/228, erklären es für die Anwendung des § 4 als bedeutungslos, ob die Hypothekardarlehensforderung dadurch entstand, daß eine Forderung in eine Darlehensforderung umgeändert (§ 1376 ABGB.) oder nach § 1356 ABGB. eingelöst und die umgeänderte oder eingelöste Forderung sichergestellt wird. Anscheinend lag aber eine vertragliche und keine zwangsweise Pfandrechtsbegründung vor.

85 Nach der E. vom 23. Mai 1934, SZ. XVI/112, bezieht sich § 3 nur auf § 1, Abs. 1, nicht aber auf § 1, Abs. 3. Daraus wird (anscheinend) geschlossen, daß in diesem Falle die Höhe der Verzugszinsen 7% beträgt. Es ließe sich aber auch umgekehrt der Schluß ziehen, daß im Falle des § 3 die Höhe der Verzugszinsen nicht begrenzt ist. Das richtige ist, hier ein Redaktionsversehen anzunehmen, da nach der Begründung (44) der Fall der Volldeckung mit dem der Mündelsicherheit gleichgestellt werden sollte, und 8% Verzugszinsen (Zinseszinsen) zuzusprechen (so die E. vom 4. Juli 1934, JBl. 1935, 84, und anscheinend die E. vom 26. Februar 1936, RZ. 1936, 122 f.).

86 Zutreffend daher die E. vom 20. November 1934, ZBl. 1935/215, vom 13. November 1935, RZ. 1936, 19, vom 7. Jänner 1936, RZ. 1936, 123 f., und vom 26. Februar 1936, RZ. 1936, 122 f., nach denen die Rentensteuer auch nicht im Rahmen der Nebengebühren neben dem 7%igen Zins zugesprochen wird, und die E. vom 13. Februar 1934, SZ. XVI/29, welche die für den Fall einer Zwangsversteigerung der Pfandliegenschaft vereinbarte „Feilbietungsentschädigung" unter die in den Höchstzinsfuß einzurechnenden Nebenverbindlichkeiten einreiht. Die E. vom 10. Juli 1934, NotZ. 1936, 50, unterstellt mit Recht dem § 2 eine Entschädigung, welche für den Fall vereinbart ist, daß der Schuldner die Darlehensdauer verschuldet oder freiwillig nicht voll ausnützt.

Ettinger hebt (190) hervor, daß die Exekutionsnovelle 1933 es unterlassen hat, zwischen Voraus- und Nachhineinzinsen zu unterscheiden. Er schließt daraus, daß die zulässige Verzinsung nur als Nachhineinzins für das ganze Jahr errechnet werden dürfe. M. E. will die Vdg. diesen Unterschied vernachlässigen.

87 Die Vdg. übersieht absichtlich oder unabsichtlich diese Wertänderung. Ettinger (189) betont aber mit Recht, daß die wirtschaftliche Sicherheit heute unter der Mündelsicherheit nach § 230 ABGB. liegt.

88 Vgl. hiezu Bunzl, Die Kündigungsbeschränkungen bei Hypothekardarlehen nach der ExekNov., JBl. 1934, 307 f., und Krehan, NotZ. 1933, 266 f., NotZ. 1934, 8 f., der zwar die Grundtendenz der Vdg. billigt und ihre Wirkung m. E. überschätzt, aber doch auf verschiedene Mängel hinweist.

89 Vgl. Bunzl 310. Der Schuldner könnte allerdings entweder mit dem einen höheren Zinsfuß verlangenden Gläubiger oder den Nachhypothekaren vereinbaren, daß ein Teil der Zinsdifferenz an ihn abzuführen ist. Eine derartige Vereinbarung verstößt m. E. nicht gegen die guten Sitten, da sich der Verpflichtete für die Ausübung oder Nichtausübung seines Rechtes ein Entgelt ausbedingen kann. Ob solche Verträge mit dem „Meistbietenden" die Moral der Bevölkerung heben, bleibt allerdings dahingestellt.

90 Nach einem Radiovortrag des Innenministers Bachinger vom 11. April 1933 (Neue Freie Presse vom 12. April 1933, Nr. 24.635, 4) bestand der Plan, übermäßige Zinsforderungen von der Klagbarkeit auszuschließen. Das wäre zweckmäßig gewesen. Man griff aber dann auf einen im Jahre 1932 vom Abgeordneten Schmitz und Genossen im Nationalrat eingebrachten Antrag zurück (Begründung, 44). Nunmehr wird nur jener geschützt, der nicht zahlt, nicht aber der redliche Schuldner, der seinen Verpflichtungen nachkommt (vgl. Krehan, NotZ. 1934, 8).

91 Der Tiroler Bauernbund hat allerdings sowohl literarisch („Zinsfußherabsetzung für Hypothekardarlehen", Innsbrucker Nachrichten vom 7. Oktober 1933, Nr. 232, 8) als auch in der Praxis den interessanten Versuch gemacht, aus der

Bestimmung des § 75 EO. abzuleiten, daß bei Stellung eines berechtigten Einschränkungsantrages der Gläubiger die Prozeß- und Exekutionskosten tragen müsse. Dies ist bezüglich der Prozeßkosten unrichtig, da die höhere Zinsforderung zweifelsohne klagbar ist (siehe unten) und nach § 78 EO. zwar die Vorschriften der ZPO. im Exekutionsverfahren anzuwenden sind, nicht aber umgekehrt. Aber auch bei den Exekutionskosten kann § 75 EO. nicht angewendet werden, da der Gläubiger bei Stellung des Exekutionsantrages oder Vollzugsbeginn nicht weiß, ob der Schuldner einen Einschränkungsantrag im Sinne der Exekutionsnovelle 1933 stellen werde (ebenso das LG. Innsbruck in der E. vom 23. Dezember 1933, 1 R 1062/33).

[92] Ettinger 190, Krehan, NotZ. 1933, 266, Ratzenhofer 472f., Hermann, Anm. 1 zu Art. II, § 1, derselbe in II b 2, Anm. 4 zu Art. II, Torggler, Das Wesen der Mehrzinsenforderung nach der Exekutionsnovelle 1933, NotZ. 1936, 81f., die E. vom 1. Juni 1934, SZ. XVI/122, vom 21. September 1935, ZBl. 1936/80, und vom 12. Februar 1936, JBl. 1936, 194, RZ. 1936, 123.

Hundegger, Eine Schlußfolgerung aus der Exekutionsnovelle 1933, NotZ. 1936, 4—6, erblickt in der 7% übersteigenden Zinsenforderung eine Abart der Naturalobligation. Er gewährt dem Schuldner bei einer Klage die Einwendung, daß es sich um ein Zinsenübermaß handle und die eingeklagte Forderung nie vollstreckbar werden könne. Da es sich nicht um eine zweckentsprechende Rechtsverfolgung handle, seien dem Kläger keine Kosten zuzusprechen, sondern dem Beklagten. Weil eine Naturalobligation vorliege, könne die Ausstellung einer Löschungsquittung nicht verweigert werden, wenn nur der Mehrzinsenanspruch ausständig sei. Dem ist entgegenzuhalten, daß es nicht angeht, die dem Schuldner erst für das Vollstreckungsverfahren eingeräumten Rechte ins Prozeßverfahren vorzuverlegen und eine zweifellos klagbare und an und für sich auch vollstreckbare Forderung den für natürliche Verbindlichkeiten entwickelten Rechtsregeln zu unterstellen (vgl. Torggler, a. a. O.).

[93] Nach Hermann in II b 2, Anm. 11, ist die Möglichkeit, die Mündelsicherheit durch eine gerichtliche Schätzung außerhalb eines Exekutionsverfahrens festzustellen, nicht gegeben. Dem Prozeßrichter war es dadurch selbstverständlich nicht verwehrt, über die Frage der Mündelsicherheit in einem Kündigungsprozesse Sachverständige zu vernehmen.

[94] Klang (310) fand diese Ausnahme mit Recht unverständlich. Wahrscheinlich war das fiskalische Interesse maßgebend, daß der Erbe die Gebühren zahlen könne. Wie der Übergang im Erbwege erfolgte, war belanglos.

[95] Ausgabe mit Anmerkungen von Hermann in „Das neue österreichische Recht", II b 2, S. 8. Graschopf, Die neuen Kündigungsbestimmungen für mündelsichere Hypothekardarlehen, NotZ. 1934, 121—123.

[96] Vgl. Klang 310, Braun 249, Mattausch 375, Ettinger 191, Krehan, JBl. 1934, 209f., Bunzl 307.

[97] Die Auffassung Hermanns in II b 2, Anm. 1 zu BGBl. 153/35, daß schon bisher Rückstand mit einer Zinsrate zur Kündigung ermächtigt hätte, entsprach dem Gesetzestexte nicht. Richtig Graschopf 123.

[98] Wie im Texte die E. vom 6. Juni 1934, JBl. 1934, 414, und vom 5. Oktober 1934, SZ. XVI/172, Graschopf 122, entgegengesetzt Hermann in II b 2, Anm. 15 zu Art. II, Ettinger 191, unklar Krehan, JBl. 1934, 209.

[99] Wie im Texte Krehan, NotZ. 1934, 8 und JBl. 1934, 210, entgegengesetzt Ettinger 191, Bunzl 307f.; Hermann in II b 2, Anm. 11 zu Art. II, ließ nach dem ursprünglichen Texte eine Kündigung zu, wenn nicht vorher das Übermaß nach der Ausbeutungsverordnung oder nach § 1 festgestellt wurde. Allerdings lief der Schuldner auch nach der novellierten Fassung immer Gefahr,

daß die Kündigung aufrecht blieb, wenn sich im Prozesse herausstellte, daß die Hypothekarforderung nicht mündelsicher war.

[100] Hämmerle (Gläubigerschutz und Schuldnerschutz, JBl. 1933, 165, AnwZ. 1933, 104) nahm es für das Gesetz vom 2. August 1932, BGBl. 243, mit der Begründung an, daß die für Zwangsvollstreckungen geltenden Bestimmungen zwingend seien und solche Vereinbarungen auch gegen die guten Sitten verstoßen könnten. Ebenso Hermann in II b 2, Anm. 2 a. E. zu Art. I.

[101] Ettinger (192) hält dies für unzulässig, da es sich um Vorschriften des Exekutionsrechtes handle. Die gleiche Auffassung wird für Forderungen, die aus der Zeit vor der Exekutionsnovelle stammen, von den E. vom 5. November 1935, ZBl. 1936/79, RZ. 1936, 95, und vom 22. November 1935, JBl. 1936, 127, vertreten, nach denen abweichende Vereinbarungen, als im Gesetze nicht vorgesehen, mit Rücksicht auf die imperative Natur der betreffenden Vorschriften unberücksichtigt bleiben müssen. Die erste Entscheidung verweist auch darauf, daß die Zulassung abweichender Vereinbarungen den Gesetzeszweck vereiteln würde. Auch die E. vom 6. März 1935, SZ. XVII/47, hält die exekutionsrechtlichen Bestimmungen der Vdg., und zwar auch die Kündigungsbeschränkungen für zwingendes Recht. Sie steht aber auf dem Standpunkte, daß sich die Vdg. auf nach dem 30. Juni 1933 begründete Darlehen überhaupt nicht bezieht, was aus der Analogie mit der GKV. und GSchEV. gefolgert wird. Man müßte folgerichtig für solche Darlehen auch die Zinsenbeschränkungen von vornherein als unwirksam ansehen, was m. E. zu weit geht, jedoch wirkungsgemäß der im Texte vertretenen Auffassung gleichkommt.

Die Gültigkeit von Vereinbarungen, welche die Anwendbarkeit des § 201 EO. ausschließen, wurde mehrfach behandelt. Neumann-Lichtblau, a. a. O., 648, Heller-Trenkwalder, a. a. O., 681, und die E. vom 12. Mai 1908, GlUNF. 4223, haben sich dafür ausgesprochen, dagegen Pollak, a. a. O., 840, Sperl, Das Hypothekengeschäft der Sparkassen, GZ. 1899, 9 f., Lehmann, Die Zwangsversteigerung, 232, schwankend Walker, Österreichisches Exekutionsrecht, 230. Vorschriften des Exekutionsrechtes sind m. E. dann nicht zwingend, wenn der Gesetzgeber deren Erfüllung von einem Antrage des Verpflichteten abhängig macht, da er damit zu verstehen gibt, daß keine öffentlichen Interessen im Spiele sind.

[102] Ergänzt durch die Vdg. vom 27. April 1934, BGBl. 247, welche einige Redaktionsversehen richtigstellt und die Frist zur Gesuchseinbringung bis 30. Juni 1934 verlängert, sowie durch das Gesetz vom 24. September 1934, BGBl. II, 274, welches staatsgefährliche Betriebe ausschließt. Ausgabe mit Anmerkungen von Hermann in „Das neue österreichische Recht", II b 10. Aufsätze von Fürth, JBl. 1934, 53—56, Torggler, NotZ. 1934, 35—38, beide unter dem Titel „Die Notverordnung über Schutzmaßnahmen für das Fremdenbeherbergungsgewerbe".

Novelliert durch das am 31. Oktober 1935 erschienene Bundesgesetz BGBl. 410/35, Ausgabe mit Anmerkungen von Hermann, a. a. O., Aufsatz von Torggler, Die Novelle zur Fremdenbeherbergungsverordnung, NotZ. 1935, 202.

[103] Vgl. hierzu §§ 1, 2, 7, Abs. 2, lit. b und c, Abs. 3, Hermann, Anm. 2, 6—9, 16—18, Fürth 53 f., Torggler 35.

[104] Über die sonstigen Wirkungen der Geschäftsaufsicht vgl. § 15—18, Fürth 54, Torggler 37.

[105] Hermann, Anm. 7, 21, Fürth 54, Torggler 37; Fürth (54, 56) verweist mit Recht darauf, daß nach § 11, Abs. 1 nur die im Anordnungsbeschlusse aufgezählten Investitionsforderungen gestundet sind und eine nachträgliche Ergänzung oder ein Rekurs gegen die Nichtaufnahme unzulässig ist.

[106] Hermann, Anm. 21—24, Fürth 54 f., Torggler 36.

[107] Klagsführung ist dem Verordnungstexte nach wie im Ausgleichsverfahren zulässig (Hermann, Anm. 23), obwohl dies dem Begriffe einer Stundung widerspricht. Es werden also auch hier wie in der Exekutionsnovelle 1933 unzweckmäßigerweise die Wirkungen in das Exekutionsverfahren verlegt. Zumindestens Leistungsklagen sollten, um das Anwachsen unnötiger Kosten zu vermeiden, unzulässig sein, wenn die Forderung selbst nicht bestritten wird.

[108] Außer wenn der Verzug auch nach Beendigung der Aufsicht andauert (Fürth 55, z. T. abweichend Hermann, Anm. 21).

[109] Hermann, Anm. 25, Fürth 55, Torggler 36 f. Konkurseröffnung für solche Forderungen ist möglich, ebenso für Investitionsforderungen vor Anordnungsbeschluß (vgl. Hermann, Anm. 11). Über die Aufschiebung von zwangsweisen Veräußerungen nach Stellung des Anordnungsantrages vgl. § 4, Hermann, Anm. 11, Fürth 54, Torggler 36.

[110] Fürth (56) beurteilt die Vdg. günstig, während Torggler (38) auch ihre Schattenseiten hervorhebt.

[111] Die Festlegung ihres räumlichen Geltungsbereiches erfolgte durch die Kundmachungen vom 23. Februar 1934, BGBl. 124, und vom 27. April 1934, BGBl. II, 16. Durch die Vdg. vom 29. März 1934, BGBl. 192, und vom 4. Mai 1934, BGBl. II, 26, wurden die Fristen für die Gesuche auf Hilfsverfahrenseröffnung bis 15. April, für einzelne Gebiete bis 31. Mai 1934 verlängert. Durch das Gesetz BGBl. 74/35 (im folgenden Novelle genannt) wurde die Möglichkeit gegeben, Hilfsverfahren für jene Betriebe einzuleiten, bei denen ein solches Verfahren noch nicht stattgefunden hatte.

Ausgabe der Vdg. und der späteren gesetzlichen Vorschriften von Störck in „Das neue österreichische Recht", V a 9, Aufsätze von Torggler, Die Notverordnung, betreffend die Erleichterung der Schuldverhältnisse der Bergbauern, NotZ. 1934, 70—73, Die Novelle zur Bergbauernhilfsverordnung, NotZ. 1935, 129—131.

[112] Über den Begriff des Bergbauern und die sonstigen Voraussetzungen des Hilfsverfahrens vgl. § 2, Störck, Anm. 3—6, Torggler 70, über die Art der Hilfeleistung § 3, Störck, Anm. 7, Torggler 72. Erfolgt die Hilfeleistung durch Darlehen oder rückzahlbare verzinsliche jährliche Vorschüsse, so sind diese zugunsten des Bauernhilfsfonds grundbücherlich sicherzustellen (§ 3, Abs. 2). Über das abgekürzte Hilfsverfahren vgl. Störck, Anm. 28.

[113] Die grundbücherliche Durchführung solcher Vereinbarungen obliegt den Parteien und wird durch Gebührenfreiheit (§ 18) erleichtert. Es kommt allenfalls die Anmerkung geänderter Zahlungsbedingungen in Betracht, sofern eine solche (was ich bezweifle) zulässig ist (vgl. Bartsch, Das öst. Grundbuchsgesetz, 532 f., Klang im Kommentar zum ABGB., I/2, 190, Oelz, AnwZ. 1930, 218, und aus jüngster Zeit die E. des OLG. Wien vom 5. August 1933, AnwZ. 1933, 323 f.).

[114] Ansprüche auf Unterhaltsleistung, Lohnforderungen der landwirtschaftlichen Dienstnehmer, Forderungen aus Privatversicherungsverträgen, Ansprüche, bei denen die Hauptforderung nach dem 7. Februar 1934 entstanden ist (§ 12, Abs. 7, Störck, Anm. 24, Torggler 71). Bei den nach der Novelle eröffneten Hilfsverfahren tritt sinngemäß als Stichtag an Stelle des 7. Februar 1934 der 15. Juni 1935 (§ 2, Z. 2 der Novelle, hierzu Störck, Anm. 5, Torggler 129).

[115] § 12, Störck, Anm. 15—23 a, 25, 34, Torggler 71. Die Prozeßdurchführung entgegen der Vorschrift des § 12 macht das Verfahren nichtig (E. vom 20. November 1934, SZ. XVI/227). Sämtliche Beschränkungen gelten für die in § 12, Abs. 7 aufgezählten Forderungen nicht.

[116] Über die Beendigung des Hilfsverfahrens siehe § 16, Störck, Anm. 33—36, Torggler 72.

Nach dem Wortlaute des § 16, Abs. 2 dauern auch bei Beendigung des Hilfsverfahrens durch Zeitablauf die Wirkungen unzweckmäßigerweise weiter, bis das zuständige Bezirksgericht die Mitteilung der Hilfskommission, daß das Verfahren beendigt ist, an der Gerichtstafel anschlägt (vgl. Torggler 72, 130). Die Rechtsprechung war schwankend (Torggler 130, Anm. 3). Der OGH. hat sich in der E. vom 27. Juli 1935, ZBl. 1935/341, der Auffassung angeschlossen, daß bei Beendigung durch Zeitablauf die Wirkungen des Hilfsverfahrens von selbst erlöschen. Das ist zweifelsohne praktisch.

[117] Handelt es sich um eine Schuldnermehrheit mit anteiliger Haftung, so lassen sich die in den Abschnitten I—V entwickelten Vorschriften ohne weiteres anwenden, da jede Schuld ihr eigenes Schicksal hat (Ehrenzweig, System, II/1, 90, Krasnopolski, Obligationenrecht, 35, Gschnitzer im Kommentar zum ABGB., II/2, 280f.).

[118] Vgl. Abschnitt I zu B und C. Die Einheitlichkeit der Haftung auch in diesem Falle ergibt sich m. E. aus § 891 ABGB., da § 11 GSchEV. diese Vorschrift sicherlich nicht abändern wollte und konnte. Ob man das Gesamtschuldverhältnis als eine oder mehrere Obligationen deuten will (vgl. Ehrenzweig 94, Gschnitzer 275, Wolff, Grundriß des öst. bürgerlichen Rechtes, 119), ist für die Entscheidung dieser Frage belanglos.

[119] Z. B. wenn für eine Forderung aus Warenlieferungen mit Goldklausel nach dem 1. Mai 1933 ein Zwangspfand auf einer Liegenschaft erworben wird. Die Forderung ist nach § 3, Abs. 1 GKV. vollwertig zu erfüllen. § 11 GSchEV. bezieht sich ausdrücklich nur auf Hypothekarforderungen, die vor Wirksamkeit dieser Vdg. entstanden sind.

[120] Hat ein Mitschuldner zur Gänze bezahlt, so kann seinem Rückgriff gegenüber, auch wenn er auf eine Liegenschaft Exekution führt, selbstverständlich nicht eingewendet werden, daß der Eigentümer im Falle einer Liegenschaftsexekution des Gläubigers im Range seiner Hypothek mit der Liegenschaft vor dem Stichtage für Hypothekarforderungen nur nach dem niedrigeren Kurse gehaftet hätte.

[121] Prager (21) erklärt, daß Mitverpflichtete zur geteilten und ungeteilten Hand und auch der bloß mit einer Liegenschaft Mithaftende als Kreditnehmer nach § 2 der Vdg. aufzufassen sind. Er begründet seine Auffassung nicht näher und halte ich sie bei geteilter Haftung nicht für zutreffend (vgl. Anm. 117).

[122] Vgl. Ehrenzweig 102, Krasnopolski 15, Gschnitzer 301, Wolff 120.

[123] Die herrschende Lehre (Ehrenzweig 101, Krasnopolski 14, Wolff 120) versagt die Aufrechnung mit der Gegenforderung eines Mitschuldners, abweichend allerdings Unger in Grünhuts Zeitschrift 15, 544, vermittelnd Gschnitzer 299f.

[124] Diese Frage wurde meines Wissens in der Rechtslehre nicht behandelt. Die Einrede ist m. E. ohne weiteres zulässig. Im Codex Theresianus, III. Tl., Kap. I, Nr. 28, und im Entwurf Horten, III. Tl., Kap. 1, § 48, war eine derartige Einwendung ausdrücklich vorgesehen.

[125] Entgegengesetzt Klang 310, der in den Maßnahmen der Vdg. nur eine Erleichterung der Schuldenlast des Grundbesitzers sieht.

[126] Ebenso Hermann, Anm. 21 a. E., Fürth 54, und die Begründung der E. vom 20. März 1935, Rspr. 1935/210, ZBl. 1935/295, nach der keine Forderungsstundung, sondern nur eine Beschränkung des Exekutions- und Insolvenzverfahrens für Hotelunternehmungen vorliegt. Es läßt sich dies auch schon aus der Bestimmung des § 894 ABGB. ableiten, weil nach der Entstehungsgeschichte dieser Gesetzesstelle (Ofner, Urentwurf und Beratungsprotokolle des ABGB., II, 20) und der herrschenden Lehre (Zeiller, Kommentar über das ABGB.,

III/1, 74, 78, Ehrenzweig 102, Anm. 17, Krasnopolski 15, Gschnitzer 301) darunter auch die Stundung fällt.

[127] Ehrenzweig 104, Krasnopolski 18 f. (anders z. T. Gschnitzer 311, der Übergang der Gläubigerrechte, allerdings nur hinsichtlich der Sicherungsmittel, annimmt) und überwiegend die Judikatur (vgl. Ehrenzweig, a. a. O., Anm. 37 und 39). Die im Text vertretene Auffassung ergibt sich m. E. aus der Entstehungsgeschichte (vgl. Codex Theresianus, III. Tl., Kap. I, Nr. 24, und Kap. XXIV, Nr. 9, Entwurf Horten, III. Tl., Kap. 1, § 48, und Kap. 25, § 6, Entwurf Martini, III. Tl., 1. Hptst., § 39, Ofner II, 20 f., 403 f., Pfaff-Hofmann, Kommentar zum ABGB., I, 111, Note 132).

Ob auch die Gläubigerrechte an den zahlenden Schuldner von selbst übergehen, ist allerdings streitig (Gschnitzer 311 ff., Ehrenzweig 105 und die dort in Anm. 39 verzeichnete Rechtsprechung), aber nur für den Übergang der Sicherungsmittel von Bedeutung.

[128] Wie im Texte ohne nähere Begründung auch Fürth 54. Über die Rechtslage nach den Moratoriumsvorschriften des Jahres 1914 vgl. Zalman, Kommentar zur Moratoriumsverordnung, 18 ff.

[129] Für die Fragen, welche bei der gegenständlichen Untersuchung in Betracht kommen, ist der Bürge und Zahler dem gewöhnlichen Bürgen gleichzuhalten (vgl. Ehrenzweig 106 f., Krasnopolski 233, Wolff 122, Ohmeyer 229 und GZ. 1927, 33 ff.). Bürgschaftsähnliche Verhältnisse wie der Garantievertrag sind nach der betreffenden Vereinbarung zu beurteilen, allgemeine Regeln lassen sich nicht aufstellen (vgl. Ehrenzweig 113, Ohmeyer 206 f.).

[130] Dem Bürgen stehen gegenüber dem Gläubiger die Einreden des Hauptschuldners zu (Ehrenzweig 111, Krasnopolski 240 f., Wolff 121, Ohmeyer 219 f.), und zwar auch rechtsverfolgende Einwendungen (Ehrenzweig 111) wie z. B. die Stundung (Krasnopolski 241, Ohmeyer 219, der sie allerdings unter die anspruchsverneinenden Einreden zählt, E. vom 6. März 1926, ZBl. 1926/270, und die Bemerkungen von Ohmeyer hierzu, a. a. O., 768).

[131] Vgl. Anm. 130. Die Begründung des Justizministeriums zum Verordnungsentwurfe (vgl. Torggler 35) enthält über die Rückwirkung auf Bürgen oder Mitschuldner nichts. Daß es sich nicht um eine Stundung, die der Gläubiger dem Schuldner gewährt, sondern um eine gesetzliche Stundung, ein Moratorium, handelt, wäre an und für sich bedeutungslos. Über das Wesen des Moratoriums vgl. Harnik, Die Grundbegriffe unseres Moratoriumsrechtes, JBl. 1916, 460 ff., derselbe (ausführlicher), Die rechtliche Natur des Moratoriums. Er definiert es als eine für fällige Verbindlichkeiten staatlicherseits gewährte Prolongation (9 ff.) und vertritt den Standpunkt, daß die gesetzlich prolongierten Forderungen grundsätzlich ihrem ganzen Inhalte nach und besonders in Ansehung der Fälligkeit unverändert bleiben (11 ff.). Es ist jedoch zu berücksichtigen, daß der Inhalt und Umfang einer gesetzlichen Stundung jeweils nur aus den Bestimmungen des betreffenden Gesetzes abgeleitet werden können (Ehrenzweig 88).

[132] Ehrenzweig 123 ff., Krasnopolski 242 ff., Ohmeyer 234 f., vgl. auch Zalman, a. a. O., 16 f. Anderer Auffassung anscheinend die E. vom 20. März 1935 (Anm. 126).

[133] Ehrenzweig 107 und Klang im Kommentar zum ABGB., IV, 256, unterstellen die Verpfändung der eigenen Sache für eine fremde Schuld dem Begriffe der Interzession (dagegen Ohmeyer 203, Anm. 2). Das ist für die hier zur Erörterung stehenden Fragen praktisch bedeutungslos, da auch Klang, a. a. O., ausdrücklich betont, daß einige für die Bürgschaft geltende Regeln (besonders § 1358 ABGB.) anzuwenden sind, und jedenfalls der Zahler in die Gläubigerrechte eintritt, demnach kein eigenes Recht ausübt (Ehrenzweig I/2,

512 f., 555, II/1, 316, Klang im Kommentar zum ABGB., I/2, 252, Ohmeyer 232, Anm. 20).

134 Der Gläubiger kann, wenn man sich der Auffassung Schludermanns von der Trennung zwischen Pfandforderung und persönlicher Forderung (vgl. im Texte bei Anm. 20) anschließt, den ihm nach ausländischem Rechte zustehenden Mehrbetrag gegen den Schuldner im Wege einer anderen Zwangsvollstreckung einbringlich machen. Ich erachte dies (vgl. Abschnitt I zu C) nur dann als zulässig, wenn es sich um kein Vertragspfand handelt.

135 Personen mit ausländischem Wohnsitze haben m. E. gegenüber Klagen und Exekutionen im Inlande keinen Anspruch auf die Schutzvorschriften der Ausbeutungsverordnung, wenn das Rechtsverhältnis ausländischem Rechte unterliegt. Denn die Vdg. bezweckt ihrem Aufbau nach nur den Schutz von Inländern vor übermäßigen Gegenleistungen.

136 Es handelt sich hier um Vorschriften, die mit dem Pfandrechte zusammenhängen und gilt daher österreichisches Recht. Die Kündigungsbeschränkungen der Exekutionsnovelle waren aus demselben Grunde anwendbar.

137 Es wird allerdings ein wirtschaftlich und rechtlich unbegründeter Unterschied zwischen effektiven und nichteffektiven Verpflichtungen gemacht, der nur aus der Entstehungsgeschichte der Verordnungen erklärlich ist. Die Goldschillingshypotheken der Privaten werden besonders benachteiligt (vgl. Loeb-Komorzynski 23 f., 37, Klang 180, 181, Schell 86, 87, Ettinger 94, Lenhoff 120).

138 Loeb-Komorzynski 86 ff., Ettinger 95, Bruck 96, Schludermann, JBl. 1933, 314.

139 Für alternative Währungsklauseln, allenfalls noch mit einer Goldklausel, hat sich grundsätzlich (m. E. mit Recht) Nußbaum, Vertraglicher Schutz, 78 f., ausgesprochen. Ulrich, Die Goldklausel, 132 f., empfiehlt die Goldklausel, Bruck, NotZ. 1935, 111, als deren Ergänzung eine Papierklausel (Vereinbarung, daß mindestens der Nennwert des seinerzeit gewährten Darlehens zurückgezahlt werden muß). Deren bücherliche Sicherstellung behandeln Regenpursky (Die Papierklausel, NotZ. 1935, 130—131), Stadler (Zur Frage der Pfandrechtseinverleibung bei vereinbarter Gold- und Papierklausel, NotZ. 1935, 181—182), Kößler (Goldschilling-Schuldscheine mit Papierklausel, AnwZ. 1935, 333—336, Zur Frage der Pfandrechtseinverleibung bei vereinbarter Gold- und Papierklausel, NotZ. 1935, 206—207, 1936, 7). Die ständige Praxis des OLG. Wien (die beiden E. vom 27. Juni 1935, NotZ. 1935, 157, und die weiteren von Kößler, a. a. O., angeführten Entscheidungen) und die E. des OGH. vom 9. Juli 1935, JBl. 1935, 370, Rspr. 1935/215, verweigern jedoch mangels genügender Bestimmtheit gemäß § 14 GBG. die Einverleibung auf Grund derartiger Urkunden. Dagegen mit Recht Klang, JBl. 1935, 370, und Kößler, a. a. O.

140 Dies empfehlen Loeb-Komorzynski 88 f., Schludermann, JBl. 1933, 314, Regenpursky, a. a. O., und mit Rücksicht auf die Judikatur zur Papierklausel Musil (Die Papierklausel, NotZ. 1936, 28—29). Vgl. auch Reinitz, Vertragsmäßige Hypothekenaufwertung im Spiegel der Praxis, GerH. 1934, 170 f.

141 Vgl. Nußbaum 79, Ulrich 133, für das österreichische Recht besonders deutlich Klang in seiner Besprechung des Buches von Loeb-Komorzynski, JBl. 1934, 198.

Sachverzeichnis.

(Die Ziffern bezeichnen, wenn nichts anderes bemerkt, die Seiten.)

V.

W.

Z.

Manzsche Buchdruckerei, Wien IX.

Abkürzungen.

AnwZ. = Österreichische Anwaltszeitung.
BGBl. = Bundesgesetzblatt.
E. = Entscheidung.
OGHE. = Entscheidung des Obersten Gerichtshofes.
EvBl. = Evidenzblatt der Rechtsmittelentscheidungen.
GerH. = Gerichtshalle.
JBl. = Juristische Blätter vereinigt mit Gerichts-Zeitung.
GKV. = Goldklauselverordnung.
GSchEV. = Goldschuldenerleichterungsverordnung.
GZ. = Gerichtszeitung.
Lenhoff-Pisko = Kommentar zum HGB., herausgegeben von Pisko, Art. 336, bearbeitet von Lenhoff (Bd. II, 6. Lieferung).
Mitteil. = Mitteilungen des Verbandes öst. Banken und Bankiers.
NotZ. = Notariatszeitung.
Rspr. = Rechtsprechung.
RZ. = Österreichische Richterzeitung.
SZ. = Entscheidungen des Obersten Gerichtshofes in Zivil- und Justizverwaltungsangelegenheiten.
ZAuslR. = Zeitschrift für ausländisches und internationales Privatrecht.
ZBl. = Zentralblatt für die Juristische Praxis.

Die arabischen Ziffern bedeuten bei den in EvBl., Rspr., SZ. und ZBl. veröffentlichten Entscheidungen die Nummer, sonst die Seite, bei Schriftstellern die Seite.

Die ohne Verfassernamen angeführten Arbeiten sind für die Goldverordnungen in Anm. 5, für die Ausbeutungsverordnung in Anm. 56, für die Exekutionsnovelle 1933 in Anm. 71, für die Fremdenbeherbergungsverordnung in Anm. 102, für die Bergbauernverordnung in Anm. 111 angeführt.

GPSR Compliance

The European Union's (EU) General Product Safety Regulation (GPSR) is a set of rules that requires consumer products to be safe and our obligations to ensure this.

If you have any concerns about our products, you can contact us on ProductSafety@springernature.com

In case Publisher is established outside the EU, the EU authorized representative is:

Springer Nature Customer Service Center GmbH
Europaplatz 3
69115 Heidelberg, Germany

Batch number: 10844675

Printed by Printforce, the Netherlands